2019全国调味品行业蓝皮书

斯波　著

中国纺织出版社
全国百佳图书出版单位
国家一级出版社

内 容 提 要

《2019全国调味品行业蓝皮书》全新发布2019年中国调味品行业发展新趋势，全书分成中国调味品发展趋势、中国调味品消费、销售与复购、调味与复合四部分，突出调味品发展健康趋势，强调调味品健康发展要求，洞察剖析调味品市场，得出独家真实的报告结论，呈现调味品行业现状和发展趋势，为调味品行业的持续健康发展做出贡献。

本书对调味品企业从业人员有很好的启发和参考价值。

图书在版编目(CIP)数据

2019全国调味品行业蓝皮书/斯波著. —北京：中国纺织出版社，2019.3

ISBN 978-7-5180-5971-3

Ⅰ.①2… Ⅱ.①斯… Ⅲ.①调味品—食品工业—研究报告—中国—2019 Ⅳ.①F426.82

中国版本图书馆CIP数据核字(2019)第038046号

责任编辑：国 帅 闫 婷　　责任校对：蔻晨晨
责任印制：王艳丽　　责任设计：品欣排版

中国纺织出版社出版发行
地址：北京市朝阳区百子湾东里A407号楼　邮政编码：100124
销售电话：010—67004422　传真：010—87155801
http://www.c-textilep.com
E-mail:faxing@c-textilep.com
中国纺织出版社天猫旗舰店
官方微博 http://weibo.com/2119887771
北京玺诚印务有限公司印刷　各地新华书店经销
2019年3月第1版第1次印刷
开本：889×1194　1/16　印张：4　插页：4
字数：74千字　　定价：100.00元
京朝工商广字第8172号

著作组成员名单

斯　波　杨姣平　施建平　赵　辉　张　敏　孙著书　胡　静　赵根修　孙　勇　刘元福
李德建　田其明　崔利新　杨金平　吴庆元　于海涛　刘　飞　黄德高　王一平　唐春红
陈爱民　韩锦友　唐　杰　杨四春　陈光友　罗红梅　李　磊　张　彦　朱俊松　陈　超
王德斌　崔　健　钟定江　江新业　刘钟栋　马世玲　冯　远　姜晓东　顾志国　吕翠平
张建平　马福平　刘　晏　余春明　李建华　卢治乾　杨　玲　刘　勇　刘元涛　王吉飞
胡四新　张国相　何爱娥　杨　俊　俞春山　李　平　庞学伟　牛学敏　王志朋　符春彦
冯建明　徐　浩　郭文军　徐　科　李　耀　贺亚恒　李文辉　王　靖　杨　彬　廖运兵
陈山信　朱　勇　路雨亮　潘　龑　钟树文　白德华　张　涛　葛海林　杨　华　陈　辉
邹　勇　李　建　张　俊　吕江华

题字

《2016 全国调味品行业蓝皮书》全复合调味，配置不破坏主体风味，是中国五味传统文化融合为世界新时代，中国味道老百姓使用方便，一次就行，安全、健康、美味可以做到千家万户，这事对得起老祖宗，也忘不了老祖宗的调味。

中国微生物学会酿造分会原秘书长　顾甘泉

全国调味品蓝皮书　推动调味品行业发展

国际火锅产业联盟主席、中国饭店协会火锅专业委员会会长、
重庆德庄实业（集团）有限公司董事长　李德建　2016.3.23

全国调味品行业蓝皮书：服务行业　实现双赢

四川省川联川菜调料商会会长、四川友联味业有限公司董事长
刘元福　2016.3.23

调味品蓝皮书引领行业新思路新出路

著名调味品营销专家　陈小龙　2016.3.23

全国调味品行业蓝皮书：引领行业发展，务实，落地，助推调味品转型升级，功在当代，利在千秋！

北京仙豪食品科技有限公司董事长、餐饮业国家一级评委、
高级工程师、高级烹饪师　张彦　2016.3.23

蓝皮书是中国调味品行业的福音！

全国糖酒会办公室主任　古平　2016.3.23

《全国调味品行业蓝皮书》成为中国调味品产业发展的风向标

四川高福记食品有限公司　高银江

蓝皮书“引领调味品人”！

陈山信　2016.3.23

调味品新思路

孔治辉　2016.3.23

调味品蓝皮书创新思维大突破

河北青荷味业有限公司董事长　李向前　2016.3.23

调味人生　大展鸿图

内蒙古红太阳食品有限公司　卢元俊　2016.3.23

调味品蓝皮书引领新思路

江西省调味品协会

新食品　新思路

广州绿鼎食品科技有限公司　陈庆东　2016.3.22

产品差异化创新开发

北京中物源丰贸易有限公司销售总监　赵玮　2016.3.22

希望蓝皮书能惠及全国百姓

新疆笑厨食品有限公司副总经理　谢彦军　2016.3.23

《全国调味品行业蓝皮书》引领调味行业驰向蓝海！

四川省川联川菜调料商会秘书长、《中国川调》杂志主编　刘君贵

开创调味品发展新纪元

沃顿国际营销机构（香港）有限公司、成都市沃顿纵横企业管理咨询有限公司董事长、应用经济学博士后　祝启明

调味品行业蓝皮书引领行业发展新趋势　海科为调味品行业的未来而来

成都海科机械设备制造有限公司董事长　郑友林

调味品蓝皮书引领行业发展　湖北武汉市大唐香米业有限公司为调味品加油而来

唐杰　2016.3.23

祝《全国调味品行业蓝皮书》越办越好！服务好调味品行业！

新疆笑厨食品有限公司　王勇辉　2016.3.24

乐于奉献　光彩人生！

唐河县华晟辣业食品有限公司总经理、唐河县新农辣椒专业合作社理事长辣椒产业功勋前辈　贾群成　2016.3.25

蓝皮书内容很丰富，综合性很强，是一本调味品企业指导用书，让大家很清晰的了解调味品的市场方向，很好，支持！

望都县汇达食品有限公司总经理　马高兴　2016.3.25

读全国调味品行业蓝皮书有感：舌尖上的领头羊，中国调味品蓝皮书第一人

江西倍得力生物工程有限公司总工程师　汪后宏

历经风霜，阅历无数，肺腑之言，言之有感，不胜感动

陈建宏

你说的我知、我懂、我赞！路遥知马力，日久见人心！

唐飞

我们永远跟随您、爱戴您，在蓝皮书的激励下，我们一定做好最健康的食品，奉献于社会。

李素梅

非常期待，学术如此严谨，对社会的无私奉献和大爱，同时祝贺取得的累累硕果。

周星明

调味品蓝皮书虽然不是调味品的百科全书，但是调味品人集体智慧的汇集河流。

杨波

全国调味品行业蓝皮书引领行业发展，推动调味品精细化健康前行，带动重庆小面专用调味品进入千家万户，助推调味品产业转型升级，功在当代，利在千秋，创新新思维大突破，带动调味走向全球市场。

重庆小面专家委员会主任、重庆小面大师　钟树文　2017.3.22

湖北大唐演绎米粉

为：全国调味品行业蓝皮书而来

祝：全国调味品行业蓝皮书　走向全球　造福人类

唐杰　2017.3.22

感谢蓝皮书给行业带来的真实记录,愿我们共同快乐成长

江苏千米网络科技股份有限公司 CEO　石正川　2017.3.22

蓝皮书对中国调味品行业有极大的推动作用

北京圣伦食品有限公司总经理、高级工程师　江新业

蓝皮书促进行业健康发展

云南卓一食品有限公司营销总监　谢长青

蓝皮书必将造福调味品行业发展

张启志

蓝皮书促进调味品发展壮大

著名重庆火锅调味大师　刘勇

蓝皮书引领全国调味品行业走向高端品质

山东味正品康食品科技有限公司总经理　于海涛

寻找工匠调味之旅　大家结伴同行

坝上集团河北亚雄现代农业有限公司营销总监　常立舟

大国工匠　调味中国

四川大学食品与农产品加工研究院常务副院长、博士、副教授　赵志峰　2017.3.22

行业引领　众望所归

天津市泓和调味食品有限公司　王能生　2017.3.22

良知铸就食品　优秀引领优质

石涛　2017.3.22

祝调味品蓝皮书越办越好!

中国电子商会食品医药产业促进会会长　苏添真

大国工匠　调味中国

川味中国产业集团董事长　张勤涛

创新才有持续发展的能力

吴海成　2017.3.22

调味品让蓝皮书走向世界

岳阳开口爽食品有限公司董事长　周志锋　2017.3.22

调味品行业蓝皮书是一个调味的好舞台

湖北工业大学轻工学部食品与制药工程学院教授、武汉市鑫宏食品酿造科研所所长、湖北省食品工业协会副秘书长、高级工程师　高冰

愿蓝皮书越办越好!

何涛　2017.3.22

用工匠精神去做调味品　弘扬中国味道!

抚顺独凤轩骨神生物技术股份有限公司董事长　于连富　2017.3.22

共同为调味品业添把火!

茗兴生物科技(深圳)有限公司、桂林茗兴生物科技有限公司总经理　冯绪忠　2017.3.22

工匠精神

中椒英潮辣业发展有限公司董事长、德州市辣椒协会会长　谭英潮　2017.3.22

用工匠精神　铸调味神韵!

四川省川联川菜调料商会秘书长、《中国川调》杂志主编　刘君贵

祝蓝皮书越办越好

重庆它红农业科技开发有限公司总经理　杨四春　2017.3.22

祝蓝皮书越办越好

重庆食艺天下餐饮管理有限公司、重庆皓与欣餐饮管理有限公司总经理　黄德高　2017.3.22

趋势/变革/跨越

JD.COM 京东消费品事业部干货食品部机构负责人　路言春

大国工匠　传承永远

王睿

中国味道

《调味品商界》首席记者　姜华山

中国味　重庆味

重庆市小面协会会长　张寿江

中国好味道

江西省调味品协会秘书长　谭平

中国味　世界味

唐兴

神厨阿福祝全国蓝皮书书走向世界

青岛神厨阿福餐饮配料有限公司总经理　葛海林　2017.3.23

愿蓝皮书越办越好

四川川大干燥科技工程有限责任公司　吴强

中国味

江苏味门食品有限公司　徐正文

调味品行业蓝皮书　引领调味品风向标

四川川大干燥科技工程有限责任公司　邱登平　2017.3.23

重庆味　世界风

重庆市小面协会执行会长　曹家亮

它红商城祝大国工匠走向世界

重庆它红农业科技开发有限公司　皮洪发

全国调味品行业蓝皮书　专注　专业　行业领先

四川成都仙厨味业有限公司　巫和建　2017.3.23

调味品蓝皮书引领新思路

河南斯美特食品有限公司　张学军　2017.3.23

全国调味品行业蓝皮书,助推调味品更上一层楼,让千家万户,美味直达

北京博邦食品配料有限公司　李会起

全国调味品行业蓝皮书对于做研发的技术人员来说就是指路明灯,希望增加调味品分类及技术分析内容。

宁夏春发食品开发有限公司　吕少英

河南振宇腐竹与全国调味品行业蓝皮书共同成长

河南振宇食品有限公司、河南振宇产业有限公司　郑延刚

全国调味品行业蓝皮书引领行业新风向,实现共赢

四川利泰来清真复合调味料有限公司　肖东

成都富生味业祝蓝皮书成功发行

成都富生味业有限公司　石成均

必须拜读　引领方向

亚金联融资租赁有限公司　广东智吉科技有限公司总经理　刘毅　2017.3.24

让调味品蓝皮书走向世界!

著名调味专家　陈定昌　2017.3.23

荷仙与调味品蓝皮书同行

江苏荷仙食品集团有限公司董事长　张长法　2017.3.23

让蓝皮书走向世界!

西安嘉奥调味食品有限公司董事长　宋志　23017.3.23

让调味品蓝皮书走向世界,领导行业先锋,实现双赢

湖北襄阳万兴隆食品有限公司营销总监　刘雪峰　2017.3.23

让调味品行业蓝皮书成为调味行业的指南

黑龙江省调味品工业协会秘书长　张志明　2017.3.23 于成都春糖会

鲜之惠祝蓝皮书引领调味品行业发展

晋江鲜之惠食品有限公司总经理　李永钟

蓝皮书指导中国调味品行业

济宁玉园生物科技有限公司董事长　赵向东

调味品蓝皮书与你我共成长

原重庆吴铭火锅厨师　姚建兵

北京金晔生物工程有限公司祝蓝皮书顺利发行

卢春梅

调味品蓝皮书与利泰来共成长!

四川利泰来清真复合调味料有限公司董事长　刘杨

高温杀菌新工艺把食品安全做好,与蓝皮书共同发展,走向世界,把食品安全做好。

山东诸城耀盛机械有限公司董事长、著名高温杀菌专家　孙著书

蓝皮书与古得香共同走向全世界

四川省绵阳古得香餐饮管理有限公司董事长、著名卤菜大师文俊山　2017.3.23

全国调味品行业蓝皮书,行业发展脉络和技术应用革新的指导之作

浙江江心调味品有限公司　樊明

祝蓝皮书带给世界巨大财富!

许盛

与全国调味品行业蓝皮书探索核桃油的综合性开发

均益农牧　润泽食品　谢治国　2017.3.22

产品战略是企业高于一切的最高战略,只有产品领先,营销才能水到渠成,战术的压力才可能变得最小,没有产品领先,所有的营销努力最终将被对手绞杀,成为企业的最高成本。

著名营销专家　祝启明

《2018 全国调味品行业蓝皮书》从多角度阐述了调味品行业发展现状及发展方向,调味智能化、餐饮调味商机、消费改变调味、新零售调味、调味服务餐饮等,真让人脑洞大开,眼界大开。

李海燕

调味品人格化　营销集群化　服务商品化　竞争生态化

王开学

著书立说，传道解惑，善莫大焉！

谢晓罡

讲真话，见真章，真实用，文字如手把手教，够直奔主题是很多食品人的工作手册，工艺文件，成才助手，创业支撑，这就是最受欢迎的原因，经常脱销的所在是您用大爱之心奉献社会的赤诚之心的表达。奋斗的路你永远是我的老师，学习的榜样。

青岛东龙汇丰食品有限公司董事长　严士亮

永葆青春，永存善念，无私奉献，大家楷模，永远奋进

严士亮　2018.3.22 成都

生活有滋有味，松源永相随！

青岛松源食品有限公司　吴勇军　2018.3.22

出口标准，百姓消费

青岛顺昌食品有限公司董事长　张建娥　2018.3.22

把握行业方向，引领行业未来

怀化学院　蒋继丰教授

独具视角话行业，精准服务为企业，年轻时尚亦引领，传承中国好味道。

中国食品工业协会品牌专业委员会　广晋川　2018.3.24

你真棒，是我们调味的福星。

颜宏荣

我是调味品经销商，一直很仰慕你，可没有具体的切入点，跟你联系，向您学习。

冉大辉　2018.3.20

回归自然，互伤而止，互爱彰显，良心食材，大势所趋，造福人类！

王景慧　2018.3.21

消费者的福音，行业人的期望，人类进步的体现（健康、理智、营养），感谢奉献。

杨志刚　2018.3.21

调味品蓝皮书，指引成就调味品行业，做国人大厨房！山东枣庄张国相祝蓝皮书帮助更多的企业少走弯路。

2018.3.22

为中国调味品行业付出太多太多的贡献

黄干　2018.3.20

佩服在调味方面的老道

合肥本味园农业科技有限公司总经理　胡静　2018.3.21

受益匪浅，才知道真正的调味大师是尽量采用原生态的食材调制而成

彩虹　2018.3.20

口味才是致胜关键，调味品一直融入在我们每个人的生活中，过去、未来，调味品都在我们身边，有调味才有未来，有未来就有调味。

酸汤调味标准化推广大师　李文辉　2018.3.22

是行业的导师，调味品行业健康发展的指路标。每天奔波在传递美味的正能量的路上，我们调味品人每天都在做着功德无量的事业，为千家万户送去美味，将美味进行到底，这是我们恋味的使命，也是我们整个世界的使命。书中自有黄金屋，书中自有颜如玉，书中还有美味传天下。作者辛勤付出，传播正能量，为人类的好口福，是传递美味的美味使者。

郑州恋味实业有限公司董事长　赵根修　2018.3.19

依然指导全国调味品行业健康发展，百万调味品人心声凝集的力量，越来越有说服力，随时间流失，内容越来越靠谱。

吴会芳　2018.3.21

《全国调味品行业蓝皮书》太畅销了，现在连正版都炒到一百五了，期待你在发力，在出著作！

李传鹏　2018.3.22

您的新品和模式都是首屈一指啊！

杨新兰　2018.3.20

伟大与渺小在此刻最好的体现

何明

衷心感谢大家的支持和信任，不坑人不蒙人不骗人，做什么事都行，团结就是力量，努力就是方向。

郭绍刚

为此点赞，为中国味道付出一切美好！

大庆庆吉特食品有限公司　田雨军总经理

书藏古今，港通天下　雪窦弥勒，笑迎八方客

吴峰

满满的都是爱

朱贵先

我们仍然在路上，服务于食品行业，让我们的食品更安全、更健康、更美味、更营养，我们一直在努力。选择奇华利，成功伴随你

范良生

一心为行业，我们愿意添砖加瓦，尽力支持。

成都祥云文化传播有限公司总经理　杨姣平

内容很丰富、很实用，是我们调味品厂家的智能工程师，谢谢这无私地奉献。

济宁大元食品有限公司　吴云政总经理

海纳百川，英雄气度，心里由衷钦佩，荣幸自己能够结识您这样一位虚怀若谷，又能让我不断学习，带来很多启发的老师，我释怀遇到问题不吝赐教，我也觉得路还很长，调整心态，继续努力。

重庆随手香餐饮创业培训中心　卢运佳

复合调味品在中国市场已经一路欢畅地走过了15年，每年成长速度均在两位数以上，如果说复合调味品家庭用是因为做不出专业厨师那种口味和口感，或者是节约时间，那么，专业厨师是出于什么原因使用复合调味品的呢？只有搞清楚这些问题，我们才可能策划出畅销的产品，我们看看厨师是怎么想的。

著名调味品营销专家、《调味品营销第一书》作者　陈小龙

销售是一场争夺顾客认知的游戏，需要采用最有效的手段进入潜在消费者的心中，一旦进入，你也还需要是自己的想法继续留在顾客的心中，这才能是销售成功。

李佳

谢谢作者的深情厚谊，作者以博大胸怀引领行业前行，坚韧不拔创新不止，为产业发展做出了卓越的贡献。

著名调味品专家　田贞德

未来五年餐饮行业将发展趋势将门店小型化、菜品精美化、价格大众化、服务自助化、环境简单化，再是重要的管理标准化。

苏楠

由于企业参与的是行业竞争，所以企业不能仅仅只比过去做得好，必须要超越行业，最终一定都将被行业绞杀，只是时间早迟而已！许多企业不是营销不努力，实在是武器太差了，冲得越快，死得越惨！

著名营销专家　徐会舟

见证行业成长，引领行业创新发展，愿蓝皮书越办越好

黑龙江调味品工业协会　张志明秘书长

前　言

《2019全国调味品行业蓝皮书》分为中国调味品发展趋势、中国调味品消费、销售与复购、调味与复合四部分，根据数字化需求调味时代的新变化，精准抓住消费的思维和现实，科学地实现销售调味品的办法和措施。

复购才是调味品存在的价值和意义，也是调味品企业如何生存和发展的试金石，更是科学把握消费的最佳手段。全复合调味发展体现出复合与调味的关系，体现调味品新的特点：新鲜、即食、快捷。从销售与复购之间的关系也可以看出没有复购的调味品是失败的，复购才有未来。数字化贯穿研发、生产、流通、销售、消费、运输等全产业链，形成全网营销、全国销售调味品的现状。复购率成为判断调味品销售的最佳指标，在大数据的指引下，复购率这个指标为消费提供了更好的指标，为调味带来更加极致化的体验，满足人们日益增长的对美好生活向往的需求。调味品行业人员只有找到自己的不足和优势，正确定位调味品，更好地服务消费者，才能给调味行业带来真正的价值。精准的复购率是调味品行业发展的风向标，更是调味品消费和销售状况的晴雨表。复购率让调味品找到新的发展方向，让消费更加具体，让调味更加立体、现实。

感谢《2019全国调味品行业蓝皮书》著作组所有成员、全国糖酒交易会办公室、中国纺织出版社的支持和帮助！因为有你们的支持，《2019全国调味品行业蓝皮书》才能得到出版，才能让调味人越来越高效，让调味越来越美好。

衷心感谢中国微生物学会酿造分会原秘书长顾甘泉先生的支持和帮助，感谢贵州省食品工业协会、中国食品工业协会营养指导工作委员会、成都市食品流通商会、中国食品工业协会品牌专业委员会、晴隆县山野菜产业协会、中国食品添加剂和配料协会、全国辣椒产业大会、贵州融媒体、中国电子商会食品医药产业促进会、江西省调味品协会、重庆市食品安全促进会、河北省调味品协会、黑龙江省调味品工业协会、四川省川联川菜调料商会、吉林省农特产品协会、重庆市调味品协会、上海市食品协会调味品专业委员会、吉林省调味品行业协会、江苏省餐饮行业协会、重庆市火锅协会、《中国调味品》《食品工业科技》《食品安全导刊》《中国食品产业网》《中国食品报》《中国食品商务网》《中国微视角》《农产品加工》《食品科学技术学报》《中国食品报网》《中国医药报》《成都商报》《今日头条》等团体和媒体的支持和帮助！

斯波
2019年2月2日于成都

目 录

第一章　中国调味品发展趋势

一、中国调味品发展现状

1. 中国调味品产业广泛发展

通过创新建立新的调味品种类，使得调味品获得利润持续增长。通过多种渠道建立广泛的消费通道，培育不同类型消费者，建立完整的运营模式，不断整合资源，促进调味品产业的广泛发展。

调味品消费结构、消费认知等不断发生变化，单一品种趋于多元化，需求增多，消费增多。简单化变成复合化，调味品使用越来越方便。重味道转变成为重健康，消费意识发生根本变化，更加现实。调味品的使用更加科学合理、规范限量、精准合味。初级调味转变为复合标准化、快捷方便化、味型菜系化、包装间简洁透明化、健康功能化、传统烹饪革命化、消费需求定制化，让调味的价值无限放大。

2. 中国调味品国际化

调味的主流趋势和潮流主食越来越国际化，中式调味的空间巨大。调味酱的全球化刺激消费，引导健康生活，国际化调味酱的吃法混搭，创造新的消费奇迹。酸味创新需求，东南亚风味创新全球化。地方特色香料风味引爆全球，四川辣酱成为标志。通过调味技术实现风味创新，满足健康需求，在消费和技术推动下，实现更加优质、经济、可持续的调味。

中国调味品的出口条件比较理想，全球中餐消费也在不断增长，中国味道全球化是必然的。中外合作也在不断加强，国际知名的调味品企业大多在中国有所发展，例如标杆品牌的麻辣调味品最有发言权，辣味调味品蔓延全球，也是榜样作用。

3. 2019 年中国调味品新预判

年龄混搭的消费结构成为趋势，回归调味的基本诉求，满足消费的原始状态，满足调味的个性化特征。调味消费链的责任意识加强，高附加值的调味出现。基于人工智能、模拟技术、大数据分析的调味服务更加完善，适合广泛人群的消费需求。调味品消费更加自由，购买调味品更加自主。环保成为调味品包装的新趋势，拒绝污染和浪费的包装方式。

二、中国调味品健康发展的要求

1. 质量才是根本

很多调味品品牌因为质量的不稳定，没有跟上消费者需求的步伐，导致调味品销售下滑。只有质量高且稳定的调味品，才会实现利润的持续增长，品牌才会更长寿。调味的同时考虑消费者的健康状况，为消费者带来健康的需求，提高人们的生活质量，推动调味产业和谐发展，促使食物更加科学、合理，为食品安全发展飞速发展带来机遇。

2. 定位调味品的特点

调味品的最大特点就是中端量大，销售渠道和通道都很多。调味品自然销售靠的并不是量而是品质，中端环节单次销量较少，但是重复购买多，高品质调味品才有未来。高端调味品的销售主要集中在专有渠道和会员制，周到的服务促使高端调味品脱离了传统的销售方式，是未来代替进口调味品的主要原因，低端调味品面临淘汰。

3. 区域带动

大多数调味品市场都是区域市场，地区消费带动消费者的需求。只有地区消费得到稳定发展之后才能开发其他相关市场。调味的消费需求持续改变，没有消费的调味品难以生存，以消费需求为中心才能抓住调味，才能满足消费的供需平衡。

4. 大企业兼并依然持续

调味品大企业日益规范完善，不断利用中小企业的困难，兼并之后扩大生产。一些经销商投资调味品，采用 OEM 组装大而全的产品，没有精准定位，失去销售的话语权。难得看见年利润超过 10 亿元上市公司，而未上市的公司中年利润超过 10 亿元的却有不少，可能因为金融投资的原因，上市公司无时无刻都存在着调节利润的动机。电子商务不断突出消费亮点，带动新的消费体验，出现日销售 6 万元的消费。没有重复消费，一切促销都没有实际意义。

三、中国调味品发展智能化

1. 调味品产业智能化

调味品产业智能化，实现低成本、高效价比，追求调味品的价值最大化。智能化体现在：①智能调味无人化，体验极致的调味最佳透明化。②智能标配的趋势形成，使得大多数调味品企业出现整体裁员现象。③传统工艺流程智能化，提高效率。④智能项目化，成为品牌示范企业。⑤智能全产业链，涉及原料种养殖、生产制作、全自动灌装、全网营销系统、消费服务系统、全链追溯系统等智能化控制。

智能化实现在线监测、实时数据传递、高精度工艺点控制、完整体系自动化等。提高消费调味品服务水平的同时大大降低资源浪费，一些企业降低人力成本达到 36.5%。智能提高竞争力，加速品牌的最佳优势建设，减少人为误差，提高调味品品质，完备调味服务体系建设。

2. 智能趋势的高标准化

人的视角是有限的，而智能化操作则是无死角。调味品消费过程与生产一体化过程中的数据存储、作业效率、精准方面，都是人类操作所无法达到的。智能调味实现调味品的高度标准化，同时解决人工成本不断增加而具有不确定性的问题，还能丰富调味的消费链需求。智能与调味的有机结合，形成同享型的通用模块。智能调味将会在调味品、餐饮、美食、微商等地方诞生一些具有潜力的品牌，他们将不断实现新的具有革命性的产业形象，这将给调味带来新的机遇。

3. 中国调味品产业智能升级

目前大多数调味品的进展在于半智能化，智能化物流全天候，人脸识别高效，智能化面对转型和升级。积累足够多批次样本量数据，利用大样本数据分析，建立最优配方模型，控制参数预测与优化，利用新系统进行产品研发，产品研发周期缩短。以消费为中心，整合所有资源并配套自动化机制，实现全渠道创新模式。

四、中国调味品发展特区化

1. 调味品产业特区的发展

各地推出调味品专业样板消费，复合资源整合的高效性，带动餐饮发展，助推地方特色调味品发展，提升调味产业链价值，推动一二三产业融合发展。传统调味技艺与现代消费的结合，推动高质量调味品发展。坚持市场主导与政府科学引导相结合，制定调味品发展规划、标准化建设、品牌培育，营造政府、协会、企业共同促进调味产业发展的良好环境。调味产业带动创业就业的结合，提供产业深度发展带动地区发展的新机遇，增强调味竞争的优势。加强服务餐饮的跨地区、跨行业、跨机制的整合，在管理经营、调味品研发、发展规划、股权投资、金融服务等方面加强调味品服务。提高调味品产业园区的经营水平，文化传承、知识产权保护、加工技术创新、智能智慧发展等。推进调味品品牌扶持战略，鼓励先进的科技和消费的升级需求，形成地方特色调味品品牌。推动国际化调味品原料基地建设，打造高规格的调味原料种植基地，塑造一流的供应调味链运营体系，融合多元化调味价值链，开拓新市场。完善调味产业培训，带动创业就业通道，实现人才、培训、政府脱贫攻坚相结合，创造新需求。发挥调味品商协会的桥梁纽带作用，强化自律，维护企业的利益，提供政策咨询、消费需求信息、组织协调、品牌建设、法律法规咨询等，同时强化监督指导。为调味产业发展加强组织领导，解决调味产业发展过程中遇到的问题。带动社会资金的投入，增加调味产业的投资。提供调味产业的金融支持，增强调味产业的抗风险能力，争取调味产业的银行信贷支持。

2. 中国调味品趋于精细化、高档化

调味品的作用是调味，调味需求不断细化，让调味品的消费也得到认可，细化调味品是为了人们吃好，也是新需求的必然趋势，满足越来越多人的真实需求。需求迫使高档化调味品不断形成，容量进一步扩大，品类进一步集中，中小品牌将不断被淘汰出局，大品牌或者优势品牌整合能力加强。

3. 中国调味品的本质

调味品主要就是调味，满足消费的需求，做到世界级认可的水平，关键是调味的大众化。诚信不断服务消费，信用就是调味的延伸，也是调味连接所有环节的技巧。差异化的优势在短期内能够赚钱，看似容易，然而没有创造本质的价值。

五、中国调味品健康发展新趋势

1. 中国调味品消费趋势

(1)减盐消费。

当今社会，人们越来越意识到适当减少食盐的摄入对保持健康有积极作用。高盐消费越来越没有出路，低盐和代替食盐的调味成为调味品发展的新趋势，越来越多的企业纷纷推出新健康食盐调味品。食盐的使用更加科学，2018 年，全国食盐的消费量下降 4.5%。国家相关部门强调健康中国 2030 减盐行动的重要性，给消费趋势树立了具体的健康需求风向标。

低盐更加健康，低盐调味是必经过程。我国现有的低盐消费品主要有以下几种：①低盐榨菜，满足消费者认可的低盐健康标准，且保持榨菜有滋有味。②薄盐酱油，通过减盐传递健康概念，科

学实现低盐吸收，减少健康负担。③低盐豆瓣，根据消费需求现状实现低盐消费。④无盐酱油，很难实现消费认可并获得广阔的市场。⑤低盐泡菜，越来越多的消费认可的连锁餐饮均使用低盐(4%以下)泡菜，为消费健康提出新主张。众多调味品必将实现低盐消费。

(2)低糖意识增加。

越来越多的消费者拒绝肥胖，在调味时尽量减少糖类的吸收，减少热量的摄入，从饮食习惯方面改善高血压、糖尿病等慢性疾病的现状。

(3)非转基因调味品备受关注。

近年来，非转基因调味品成为首选。转基因调味品越来越受到人们的冷落。

(4)低脂肪消费。

调味品脂肪含量的高低直接影响消费者的健康，消费者乐于接受低脂肪和含不饱和脂肪酸的调味品。2018 年，全国食用油的使用量下降 3.4%。

(5)味精消费有所减少。

越来越多的消费者为了健康减少味精的摄入量，低味精乃至不含味精也是新的卖点之一。2018 年，全国味精的使用量下降 6.2%。

(6)植物性调味品增加。

人们渴望天然植物性调味品，希望采用植物性调味品替代肉类调味品来维持膳食平衡。药食同源的功能性调味品沿袭数千年，历史悠久，对人们的健康做出贡献。

(7)调味原料数据化引导。

数据决定消费的趋势，数据化趋势，多地区采用辣椒产品价格的数据变化来指导辣椒产业发展，对全产业链具有调整指导、引导发展等重要意义。根据市场规律，实现研发、生产、流通、消费等过程中的价格预控、行情分析等，优化产业转化率。花椒、芝麻、豆类等调味原料也会不断呈现数据化引导趋势。

健康、功能化需求的调味品不断崛起，线上消费再次推进调味品的新发展，造成传统零售商利润下滑，难以维持生存。调味品必将实现颠覆式的发展。

2. 中国调味品研发趋势

研发天然功能化调味品，做到科学合理添加天然成分，让调味品更加符合消费需求趋势。低糖型调味品，让调味品更加符合消费的新需求，代替糖的消费给健康减少健康隐患。低盐调味，采用海鲜、菌类、香辛料、发酵制品等来实现低盐和少添加食盐的调味，给消费健康带来新的健康保障。低脂调味，实现低脂肪含量但依然有味道，减少脂肪的不健康因素。升级研发调味品，追求更高级别的消费，着力低热量调味的开发，不含饱和脂肪酸、不含胆固醇、不含反式脂肪酸、不含味精等调味品的研发，满足调味品的合理精准消费。顺应低调味高食材消费需求趋势，调味的程度越来越低，食材品质越来越高。调味研发应对新鲜加工的需求，如真空冷冻干燥加工的调味食材和调料，以及超临界加工的调味品，既健康又满足加工的保存要求，这些是消费高度认可的物理加工调味品。微生物分子态活性调味研究实现调味品功能化、传统智能加工规模化、健康活性化，给调味带来远远超过调味品本身的价值。

3. 中国调味品口味需求趋势

建立消费的关系也是依靠调味品口味来实现的，口味传递食物的新体验。地方特色口味一直占主导，影响调味品发展趋势。消费创新口味，香辣酱和苹果、柠檬和酸汤、糕点和调味酱、苹果和清汤、水果和调味酱等新搭配层出不穷。辣味渗透多个消费领域，带来强烈的味觉体验。各种新奇口味备受关注，创新的植物风味优选，熟食的青花椒风味使椒麻成为流行，调味餐厅的消费需求也在不断升级现实需求。随着天然风味的兴起，辣椒、花椒的自然风味成为消费的热点。自然加工的口味，一些调味品因为自然加工的香葱、生姜、花生等形成固有的口味。清淡口味容易被记住，辣椒酱具有紫苏风味，木姜子风味也可在一定程度流行，薄荷清汤风味的调味也具有广泛的消费。

4. 中国调味品风味发展趋势

盛行的健康风味发展趋势，增强感官、体验、消费的新关联。烹饪风味发展趋势，因为烹饪产生风味的调味必然获得更多消费者青睐。创意风味源于生活，实际在于菜品和调味品如何满足消费。自然风味，如姜黄、黑胡椒、蘑菇、孜然、辣椒、花椒等，消费基础非常棒。素食调味风味化、透明化，让健康消费更加突出。

5. 个性定制调味品趋势

随着人们对健康投资的增加，满足身体健康的需要、清洁标签、既营养又美味的调味品成为消费者的强烈渴望。由于人们对健康调味品认识的误解，对消费需求的个人营养数据、个人健康数据、选择调味品的最健康数据、消费者对调味品独特的偏好数据等数字化营养的现实，可以做到不同调味品对消费者健康有不同的影响。消费者从健康需求和满足自身需要方向出发，直接定制适合自己的调味品。由于调味品风味不同、消费分散，个性化定制更能满足个人需求，创新生产研发方式，通过调整调味满足消费需求来实现改善自身健康状况。未来这样个性化定制将成为健康调味的选择，依据个人数据达到科学精准服务消费者的目的，通过个人数据化让消费者更健康、更长寿，消费者对数据的认知和深入，围绕健康需求调味品的数据货币化，始终还是以消费者为核心。工厂定制化调味品，团餐、中式快餐、校园餐等加快了食品加工集约化进程，出现工厂专用定制化的调味品，一方面解决实际需要，另一方面推动餐饮标准化的快速发展。一些休闲小吃也在广泛寻求定制化调味品，如兰州拉面、河南烩面、贵州羊肉粉、沙县小吃、重庆小面、黄焖鸡米饭、串串香、火锅、螺蛳粉等，都在不断增加工厂定制调味品。

6. 自行成长趋势，性价比极致化

靠调味品本身的品质，在局部地区销售数亿的企业，同样实现现款订货、现款成就品牌的价值最大化，这样自行成长的品牌，前期都是小品牌，经过不断升级消费，这些品牌在一些地区拥有稳定市场和消费。

大品牌在全国市场的操作能够有效利用市场资源，把投入和销售做到最佳的效益，完成全国化的市场布局，通过价格的带动和产品线的布置，一些单品即使投入小也可以实现年产值销售过亿，这就是大品牌性价比做到极致化。

7. 如何走出同质化调味品的寻常路

调味品同质化在这个吃好的年代越来越没有市场，即便有也是极少部分，更多思考在于：①调味品的核心竞争力是调味，做好调味才是调味品的竞争力体现，调味让消费者满意才是竞争力。②个性化调味品的服务，满足消费调味的核心价值。③带动消费产生重复消费，延伸消费调味的价值。④调味品文化传播，让调味价值源远流长。⑤迎合新消费，实现调味新需求创新。⑥细分新消费品类，建立与时俱进的消费体系。

第二章　中国调味品消费

一、中国调味品消费现状

1. 中国调味品消费特征

面对消费者不同的需求方式，调味品具有多种消费特征。①消费贡献率较高的调味品就是主要调味品。②二三四线城市的调味需求升级。③消费需求智能化。④从调味品的数量到质量的消费。⑤有形调味品到调味品服务的消费。⑥消费调味品的人群结构不同，需求不同。⑦调味品的地区差异产生不同销售结果。

2. 中国调味品消费变化

调味品的消费区域发生变化，新城镇化消费成为新趋势。高档次化，调味品定价高端化，单品催生销量的增加，价格上升持续扩大。细分碎片化，新的需求产生，消费的传统调味品数量下降，新型调味品变相提高，消费的市场越来越细，消费的聚焦越加明显。品牌集中升级化，各大企业都在尽力升级满足消费需求的品牌。消费健康化，生活水平的提高让消费者的健康意识增加，转变消费的不仅仅是调味，而是人们健康的生活方式。调味品的功能化，满足调味以外的多种功能性需求，例如食醋的软化血管、促进消化、增加食欲等作用。兼容化的调味发展，越来越多的调味品突破地区的阻碍，发展成为多地喜欢使用的调味品。调味品消费个性化，不断适应消费者的需求。消费结构多元化，需求引导消费，科技满足多种消费需求。企业竞争规模化，实现消费最优化。消费整合链条化，实现终端需求的精准服务。

3. 中国调味品新消费图谱

调味品消费变化的出现是调味品的生产端、消费端、资本端、渠道端共同作用的新结果。调味品消费端的核心地位，决定市场竞争地位。消费需求趋向最高效率、最短时间完成消费过程。调味品只有具有较高的议价能力，才能获得资本端的青睐。更加周到的调味服务是渠道端变化的核心。

4. 中国调味品消费热点

回归传统调味需求，传统文化带动调味品消费，新颖独特的调味满足消费需求，绿色、有机调味品的消费认可率高。一次性清洁包装，满足高端、即食、多频、健康的需求。复合程度升级更加实用，创造多元化、方便化、营养化的调味品。数据消费渗透到调味品的方方面面，调味完成强调自我需求，带来自我需求的商业价值。

5. 中国调味品消费表现

调味品渗透到社会发展的方方面面，所有和吃相关的环节都需要调味品。生活水平的提高促进调味品新消费需求的出现，精细化调味需求增强。数字化消费链的形成，科学、精准地实现调味品的消费（图 2－1）。

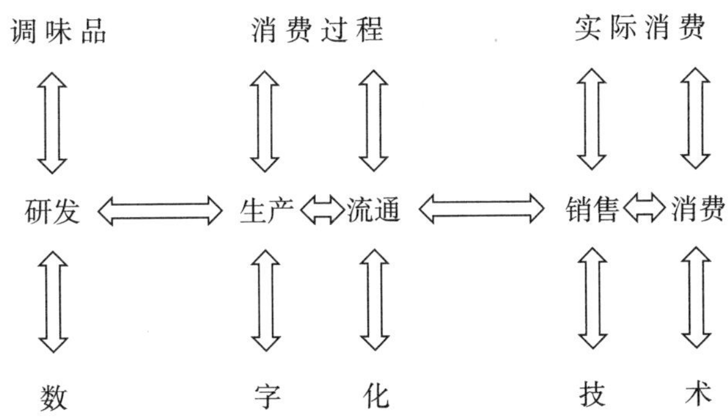

图2－1　中国调味品数字化流程

数字化技术提高调味品研发、生产、流通、销售、消费的效率。资源配置最优化，定位配套技术，自动化数据采集，物流信息同步，智能调配线路优化，更好衔接生产和消费，激发消费者消费调味品的活力。创新消费调味品新模式，适应新消费调味品的需求（图2－2）。

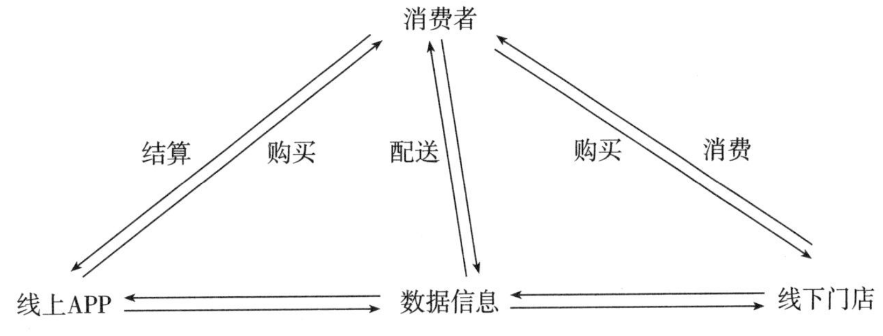

图2－2　中国调味品创新消费流程

智能终端数字化消费调味品在消费者、调味品、调味过程三者之间进行互动数字化传递，产生消费的重复（图2－3）。

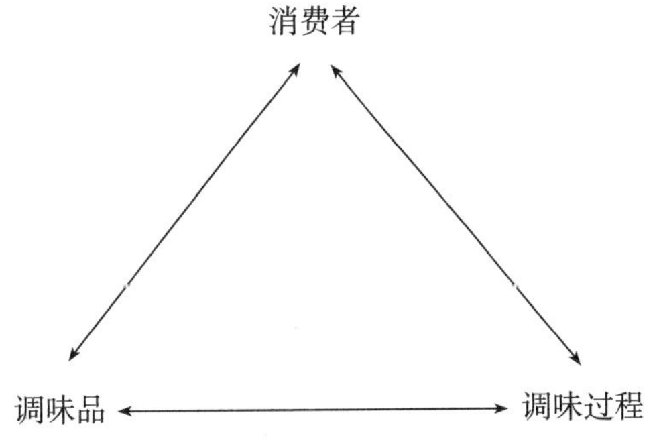

图2－3　中国调味品智能数字化终端

二、中国调味品消费变化的影响

1. 快速消费实现销售对接

即时化销售成为必然，经销商时代结束。退货时代也在不断结束，只有消费认可的高服务才是调味品的生命力。渠道依赖将不再成为现实。终端消费的精准对接越来越实现一站式完成，效率也大大提高。数字化销售调味品已经达到39.22%，未来还会不断上升。

2. 消费变化促销售改变，辅助模式产生

消费的需求层次发生变化，消费需求升级，全渠道打通极大促进消费量的增加，这就导致过去的调味品不再适合现在的消费群体。生产到消费之间的浪费极大减少，传递信息的费用也基本上没有，所有调味品的消费和生产环节均做到高效、低耗、及时。

3. 价格不敏感

因为消费的主体发生改变，价格自然成为不被关注的点，提价也不再影响销售，反而不提价成为阻碍销售的因素之一。销售的价格在于消费认可，其次是如何使用好调味品。调味品的数量一直在下滑，大多数调味品企业的产量不及 2017 年的 80%，全国整体生产量下降 8. 2%，但是调味品的销售单价一直在上升，有的甚至提高了 14. 6%。

4. 传统渠道不适应数字化分销

分级式销售拉长了调味品销售的战线，浪费了大量资源，这在新时代是不允许的。部分销售支付系统可以做到即时分配，可见传统的渠道不适应高效率的数字化分销。

三、中国调味品消费升级

1. 聚焦调味品消费，实现精准服务

调味品重在消费，而不是拥有多大的市场，消费才是硬道理，消费促使调味品价值的增加，聚焦消费是必然趋势。精准服务消费者的调味品可以实现重复消费，数据化分析成为新的销售方式。

2. 收购品牌，推出新品

调味品种类很多，越来越多的企业利用现有资金收购其他品类的品牌。在现有渠道和销售的条件下销售新收购的品牌成功率更高。这种成功的案例非常多，但是对于收购的品牌发展不一定有好处。因为管理的原因，即便做成第二梯队的品牌，销售和预期也不一定满意。最好优化费用支持结构，一些品牌销售增长 1 亿元，投资则增加 1500 万元乃至 2000 万元来升级打造市场。

3. 消费引导先密度再广度

如何做到消费引导有效，关键是在一定区域实现高密度消费，然后通过数字化分析，引导向广度扩展。自热食品的兴起致使更多调味品改变消费的需求，让消费的重复性不断增加，调味品因为新的需求而突破传统的做法。

4. 粉丝效应

粉丝经济是在新的销售场景下形成的，是在一个认可人品和明星效应的前提下进行的，单品的粉丝群带动百万计消费，成就一个品牌的创生，利润和回报远远高于传统的调味品销售。

5. 中国调味品如何面对消费升级

积累消费需求，通过调味品精准服务化解市场压力，通过精准消费带动调味品销售，化解消费升级的需求。专注消费升级热点，最大限度满足消费，实现调味品重复消费。实现品牌服务的带头作用，融合调味品相关资源，面对消费升级找到更好的应对方法。

四、中国调味品本质需要

1. 消费才是调味品的生命

全国各地区都有很不错的调味品，而调味品的区域性一直没法得到打开，一方面是消费习惯，再一方面是市场的原因。只有不会与消费沟通的调味品才会离开市场，而不是因为竞争才退出市场，集中并不是调味品本身造成的，因此，如今的消费才是调味品的生命。国内市场消费量如此之大，没有理由销售不好调味品，一个产品服务一亿人次是很容易做到的，智能化的今天比十年前更容易得多，低价是不可有机会的，而高价高品质的商机才是无限的。一个小小的行为即可创生一个品牌，尤其是自热食品的调味产业，短短一年即可实现百亿产值。无数个企业经验得出结论：做什么调味品要跟着消费走，符合消费需要的任何一个调味品即可成为重复消费的调味品。

2. 本质是消费需求，精准消费调味品

根据消费需求来实现调味品消费，消费调味品才能实现精准对消费的定位，无论如何变化调味的服务就是消费者，消费的重复就是调味品销售。

在消费的层面更加判断消费需求，更加符合消费的自动推进，满足新时代的需求特点，消费直接变成销售，价格和品牌竞争在这个时候越来越弱化了作用。直接服务目标人群，目标人们重复消费，带来实际销售和消费的叠加。

3. 中国调味品消费比例少

通过大数据调查，在人们消费比例中，调味品仅占消费的6.8%，在整个食品消费的比例中也只占18.4%，可见调味品在消费过程中的比例很少。首先，对消费者调味进行引导，促进调味品销售的增加。其次，要出现更多类似于水果和调味品结合、烘焙制品和调味品结合等的创新消费。最后是通过调味的技巧实现调味品的重复消费。

4. 提高中国调味品的知名度

调味品知名度不高是现实，毕竟消费的基数大，消费调味品的关注度低，知名度提高最好的办法就是事件营销，无论在何时何地都做好事件营销的准备，只有根据消费需求的、科学的事件营销才能提高调味品的知名度。其次就是在消费的终端建设，长期的终端消费导致知名度提高。

对于外卖需要的调味品，满足需求的必然就是好使用，节省时间，快速满足，这就是新消费的机会。外卖配套专用的调味品应运而生，这是为这个需求而诞生的一次性即食的调味品，也是调理包的一种。

五、场景消费调味品

1. 新消费调味品渗透效应

在消费形成的数据指导下，生产、研发、流通、销售、服务等围绕消费形成调味新需求。使消费者认可的需求达到极致，消费和需求之间变得水到渠成，不断满足更高需求。消费调味品享受更高需求的渗透得以实现，水豆豉拌饭的渗透效应已经达到100万家餐厅以上。电商的渗透，传统销售升级的渗透，新型支付方式的渗透，线上线下销售方式融合的渗透等均在不同程度出现新的样板，新的体验消费。

2. 中国调味品消费与场景化

调味的功能不断细化，越来越被消费接受，尤其是新消费的需求，立体化的消费就是最为典型的办法。调味品不再是简单的调味使用，同时还将给消费者带来回味无穷的享受。一些西餐的动态宣传就是体验消费场景化的最佳样板，场景的布置成为调味品升级消费的新办法，如今一些无人餐厅也是对调味品消费的场景升级。调味品消费场景中的美味记忆来源于消费，餐厅的环境就是场景之一，如何实现一些便于结合休闲、娱乐、工作、学习的场景优化成为重点。合理的布置和视觉效果，能够让消费感受比较满足、得意、舒适。场景之二是吃的过程，这与吃的细节、服务方式、互动细节等有很大的关系，场景的如何打造才是消费满意度提高的新手段。如何做到成本低、增值空间大、消费重复频率高，需要挖掘调味的主要内容，如酸汤采用贵州特色的苗家文化，让消费者感受到千年苗寨一样。品牌视觉则是唤起更多的记忆，设计和艺术的综合，促使调味的品牌价值最大化。场景接近消费者的日常生活，让消费者选择没有借口，得到越来越多的超值服务。

3. 赠送消费带动，品质发力

对于好的调味品，赠送消费是可以带动市场的，一些大品牌都在使用这一办法并且收到很好的效果，一旦消费者第一次认可，持续购买是没有任何关系的，赠送消费的办法有更加详细的做法，要根据消费需求的场景来实现，自然更体现调味品的附加值。

因为国内调味品的数量足够大，消费的需求饱和，吃好的需求不断升级，不再依赖数量来满足消费，而是需求质量来实现消费的品位，在调味品品质方面下功夫，才能实现新的增长。一些品牌忽视品质，导致销售下滑，这样的处境不仅仅是老字号，连一些成立五到八年的调味品企业也存在，跟风的调味品企业机会更少。

4. 消费者参与调味品生产

消费者参与制造调味品的过程是传统生产调味品的企业所难以接受的，消费者参与调味品生产，便于认清消费需求的数据，减少信息不对称的损失，融合消费资源，消化成为销售产值。根据消费者参与调味品制造找到需求乐趣，要敢于颠覆和否定传统销售行为，获得丰厚的利润才能过得比较滋润。蒙式火锅调味品是比较独特的风味趋势，因为低油健康不断满足越来越多的人需求，市场容量也不断增加，同时蒙派也在不断融合川渝特色，获得越来越多的消费共识，蒙式调味优势不断融入消费者参与。调味品需要消费者参与，不在于优势而在于消费，调味品必须满足消费的生活方式，在生活中成为必须的选择要素，消费场景成为大家认可的享受、美味、传播。消费者参与的调味品是根本，也是所有调味的基础。

六、洞察消费调味品

1. 重塑新消费形式，驱动消费

消费者、调味品、消费场所融为一体的现实，让调味品企业不再是简单的价格差，服务和消费跟踪同样重要。消费者的习惯、风俗也变成调味服务的部分，依据消费大数据可以精准服务消费者。消费的需求由消费者提出，从消费者的角度来设计和服务，实现消费认可的立体和动态需求。消费需求的属性，消费认可的认知意识，消费者的兴趣爱好，消费需求的变化趋势，这些都是围绕调味品消费来实现的。

消费认可在于数据分析，围绕数据变化而实现的调味品销售，一方面是精准满足消费者，再一方面是消费升级的需求变化，两方面来实现消费的满足。消费需求的多快好省也就比较明了，合理的价格，更快的送达，更好的服务，更加符合实际的消费场景带动。无论如何多的手段，还是要回归好产品本身，只有好的调味品才能满足消费的现实，好的便于使用体验的调味品才是驱动消费的顶梁柱。

2. **从消费入手消化过剩调味品，顺应消费共赢创新**

调味品琳琅满目，市场的价格战，消费的摇摆不定，人人需求的现实，这些都是调味品过剩的体现，如何实现过剩调味品的消费，抓住消费需求的特点，利用调味品的优势和消费需求的点结合，将消费的样板带动成为现实。

面临调味需求的变化和全球化中国味道的发展趋势，消费的结构失衡，消费引导的大数据、物联网、云计算、智能科技、基因技术、量子科技等新机遇，顺应消费带来共赢的态势才是正确的选择。新资源的优化配置，让调味品销售越来越清晰，全产业链的利润最大化，传统销售与新零售之间的落后和繁荣相当明显，体现在一些品牌的崛起和衰落。人们对美好生活的向往催生越来越多的调味产业投资、健康调味需求、惠及消费的分配、自然需要的平衡，实现调味整体上升。

3. **洞察消费，抓住偏好消费**

依据消费需求新数据，判断消费调味品的刚性态势，精准服务调味的群体意识，将消费者的认知转变成为调味品的产值。没有数据的销售调味品将越来越没有机会，洞察消费是建立在需求数据的基础之上，只有数据的趋势和现状才是做好调味品销售的本职工作。过去的市场调查变成新销售，根据线上大量资源结合即可得到一手数据，直接产生潜在商业价值。

调味品消费才是出路，来源于消费者的需求。对于调味吃好和健康的判断，通过调味的手段实现既健康又好吃，让消费者满意。便捷化调味需求，更加碎片化以场景体验满足消费者。重复需要调味品的因素，让消费者的满意度提高。消费调味的选择机会，让消费者自主选择，锁定消费行为。科技推动调味技术，满足消费的健康化、低糖化、低盐化、低脂化。互联互通推进调味崛起，让调味更加美味便利优化。外卖场景化，体验新消费，自煮火锅延伸成为螺蛳粉、土豆粉、羊肉泡馍、麻辣烫、自热烧烤等等，更加地方特色化。调味升级，正餐弱化、零食崛起，休闲化调味正当时。调味健康的益生菌，含活性因子的豆豉、腐乳、豆瓣、泡菜，更加时尚并满足消费需求。围绕消费者全流程体验，产生调味品价值让消费者直接产生效率。调味品孵化器形成，实际转销消费需求的服务和功能细化。

4. **拯救调味消费链老化**

围绕消费寻找消费的需求亮点，换来新的消费价值。①抓住消费调味下滑的原因，找出解决办法。②让消费者参与调味餐饮的整合，获得消费的最佳需求点。③从消费者的心声出发，针对性实现消费的重复。④消费调味直接呈现高品质化，满足消费的调味直接说话。⑤调味服务的价值升级，提高消费者的心智印象。⑥增强消费调味的互动，带来意外思维变化。⑦推出调味的超值服务，让消费者没有借口可找。

5. **了解调味品消费趋势**

调味品关系到人人的需要，消费是天天都进行的。人人消费调味品是必然存在的，消费传递调味实时进行。理性消费调味品，选择最适合自己需要的调味品。构建和谐的消费链，让消费调味产生互动。调味感受即时享受味蕾的记忆，产生消费调味培育功能。调味消费透明化，更能让消费满意度增加。创新调味品生命周期短，创新容易，迭代快速，小群体集中爆发。便捷化消费成为主要流行趋势，调味层次比较繁荣。融合消费新需求，推动调味品发展新业态升级。传统消费调味品嫁接数字化服务，让调味更加生动。重构消费新信息，数字化引导新需求，实现更加精准的调味服务。

6. 调味品行业存在的问题

安全事故、大企业环保事件、污染停产等频发，环保倒逼涨价、产业升级、生产生态化，人们要的是生态而不是污染。市场上销售的麻婆豆腐粉状调味料做出的麻婆豆腐与真正的麻婆豆腐差距较大，因而这样的调味料慢慢离开了市场，消费的需求是自然规律。靠跟风在偏远的地区极少量销售，因为消费者是最直接的消费，不会反感，至少要消费到消费者的意识增长到上当之时，才能实现这个品牌的被拒绝。消费需求的不再是同质化、物美价廉，而是个性化消费需求，投机越来越难。一些调味品被淘汰的根本原因是沦丧的诚信，过度宣传，没有持续消费。

七、推动中国调味品消费增长

1. 探索新增长引擎，完善渠道增长

新需求层出不穷，产生需求需要越来越多的调味品来完成，新需求的变化将促使供应商、生产商、服务商的变化，线上的力量和线下实体店的消费结合，物流智能和全网需求信息结合，线上云平台和线下实体店结合，以消费为核心实现整个调味品原料、生产、研发、销售、支付、服务、调味等全面数据化支持，贯通全过程的高效增长。

2. 终端推广的增长

终端才是调味品的最佳价值实现点，终端的投入一定要比经销商大得多，一些经销商的返利控制在 3 个点以内。终端餐饮需求调味品的销售会高达 10% 以上，在终端消费体验开发、终端市场餐饮培训、终端消费引导团队建设等做到稳定持续的投入，销售自然增长，市场回报就比较容易了。一些品牌在终端的投资，3 年时间实现 20 亿元的也很正常，终端的培育至关重要。

3. 收购和预算带来销售增长

销售的资源发生了根本的变化，收购的不仅仅是品牌，调味品的整体营销发生质的变化，调味品的价值得到更进一步升级，整体费用更加规范，效率更高，增长自然实现。一些品牌经过收购，增长达到 45%，这就是资本的力量，也是资源整合的结果，也是一些调味品品牌希望被整合的原因之一。

销售增长在于生产和销售的费用都增加，利用提价的方式来调整整体销售中间环节的活力，利用费用的最优化支出来实现利润增长。国内市场很大，关键是前瞻性投入，持续来实现消费的认可，这才是预算带来的销售增长。在不同的区域，因为消费的基础不一样，预算的不一样，造成的销售增长也是不一样的。

4. 高价和联动供需促增长

一些品牌出厂价高，实现重复消费，增长量也大，而一些大品牌还是维持原价，没有消费的重复性，这样的结果就是销量受影响。高价增长的前提是重复消费，不然盲目高价只会损失更大。

需求的变化，促使供应的变化，通过体验消费、场景带动、试吃、试玩、创新引导，将需求和供应连成一个有机的整体，完成调味品的增长。新销售的菜品品鉴越来越多地带动厨艺，消费需求实现定制化生产，个性化需求得到最大限度满足，把直接带动消费的事实变成餐饮创业发动机，一个过去年销售 3000 万元的市场，经过 3 年的联动供需，促成销售达到 4 亿元，这就是根据消费来实现需求的最大限度的融合。越来越多的品牌都在这方面做得很出色，越来越实现消费的直接带动性。

第三章　销售与复购

一、中国调味品销售现状

1. 中国调味品销售存在的问题

调味品没有满足消费者选购的理由，消费的新鲜感和忠诚度大大降低。消费者发生变化，而调味品未改变导致销售量骤减。高铺货率不再有效，只有定向需求的引导消费才有效。消费调味品需求的通道出现问题，消费群体需求发生变化，从买到调味品到买到安全的调味品，再到买到品质的调味品，以致到买到合理价格高品质的调味品。模仿式创新失效，消费复购概率低。调味创新动力小，再大的品牌也不如消费者重复消费。附加值的跟风不再满足消费者，没法产生新的消费价值。

2. 中国调味品销量下降的原因

中国的调味品企业存在发展不均衡的现象，这是这个行业的特征。调味品销量下降的原因有：①销售的成本上升，各种人力、租金等费用都在上升；②新城镇化发展改变消费的特点；③信息透明化后没有了爆品，销售的优势没有了；④没有消费记忆的调味品增加销售阻力；⑤新媒介宣传方式无效；⑥调味品没法打动消费者，消费的观念跟不上；⑦调味品的开发不到位；⑧调味消费链的关系没有处理好；⑨经销商、服务商、销售团队的效率低；⑩复购率低，没法实现高回报。

3. 粗放经营失效，市场反应迟钝

没有精准的销售，调味品在竞争中无路可走，消费的优势不再存在。调味品真正意义的创新是消费者认可，广告口号已经没法达到销售的目的。精细化的销售、精准的消费是服务消费者的根本。调味品生产企业迟钝，没有敏感地把握消费需求点，大大浪费了调味品的价值，滞销调味品依然存在。

4. 传统销售模式失效

传统销售模式没有销售能力，思路跟不上消费需求，需求趋势的方向不对，经验式销售面临淘汰，低价没有未来，跟风没有路途，没有静下心来为消费者服务的调味精神，是不可能实现销售的。

5. 中国调味品附加值的误区

提高调味品的附加值，增强消费需求的市场竞争能力，如何定位非常关键，常常出现一些误区：①高端定位调味品误区。高端定位并不全是调味品的价格，关键是调味品的质量，质量好坏才是直接竞争力。②特产调味品。特色的调味品不一定适合消费者，消费需求的调味品也不一定是具有特色功能，关键看消费的结果，而不是特色的表现。建议以调味品的实际作用来切入调味，而不是本身的附加值，没有实际消费带动，附加值就没有意义。

6. 中国调味品没法达成销售畅通的原因

不明确销售的目标，没有运作产品的思路。没有对消费的真实理解，销售工作一直没法开展。消费的重复没法实现，无法得到人们的认可。销售工作老套，无法实现销售的工作。八无境界：一没有调味品的品牌意识和宣传引导；二没有特色的消费需求特点；三没有持续创新需求的满足消

费;四没有效率服务好调味需求支撑;五没有消费认知的诉求,无法传播调味的概念;六没有调味的影响力;七没有调味销售工作的感染力;八没有调味品销售的激励机制和培训创新能力,这样不可能出现调味品销售的奇迹。消费畅通才是销售畅通的根本。

二、完善调味品销售

1. 建立全新调味价值模式,重塑市场格局

调味品的交易因为需求而发生变化,企业只有跟上变化才能生存。成熟的调味品市场必须保持核心业务增长,为避免渠道冲突,利用数字化分析市场变化来提升竞争力。发展中的调味品市场,必须利用最优化的数据分析,采用最好的调味品、最好的调味服务、最好的团队来实现销售。高利润调味品市场,培育和发掘调味增长潜力,推动调味品爆发式增长。组织团队负责调味价值的深挖,实现消费的无限重叠。

2. 中国调味品品牌之间的学习

如何实现调味品的跨地区销售,如何成为全国性的调味品品牌、全世界的调味品品牌,这就需要相互之间不断学习和提高。调味品品牌的格局决定能走多远,开放的经营理念才能长久。调味品品牌要学习精准的定位,清晰的消费服务,提高销售调味品服务的效率和方式。调味品的附加值一定要足够,附加值较低则很难运营。费用合理化、管理科学化,调味品品质会说话。多渠道融入,才能带来调味品的整体价值。全面培养调味品接班人,造就调味品品牌的自动造血功能。

3. 全国布局调味品

大多数调味品无法满足全国市场的,主要体现在消费的环节没办法得到解决。因为需求的变化较大,消费的差别导致全国性布局成功率越来越小,尤其是费用的增加很难实现消费的叠加,新销售就很难奏效。部分企业的局部市场效益非常好,但是全国性地开展却难以收效。全国性布局消费,调味品纷纷在一定市场分销,形成新的市场消费。消费的自动造血形成,全国各地不同消费得到满足。精耕消费需求,控制调味品的流向,牢牢抓住消费的趋势引流,创造稳固的销售价值。

4. 建立调味品品牌

调味品满足消费者需要的完整需求,其品牌、品质、品位均在于消费的记忆。调味与消费同频率,转化调味就是为了消费。调味服务满足消费者的嗜好,形成消费潮流。将调味过程做到极致,创造新消费需求的价值,提高调味的资源利用率。挖掘调味品满足消费的必须,促进实现重复消费。调味品产生价值的前提是引起消费者注意、产生兴趣、需求欲望、购买消费、服务记忆、消费享受,调味品真正满足消费才是产生应有价值的关键。

5. 开拓新市场

一般新市场的投入不会很快回收成效,一定要掌握市场的需求特点,根据新市场的变化来实现,只有找到消费的切入点再来投入新市场,不然新市场的开拓难度很大,甚至会颗粒无收。新市场主要是利用终端来实现销售,没有终端的销售,新市场就是空中楼阁。

6. 导购销售,合理提价

引导消费者的做法是一些调味品品牌获得良好市场回报的特点,但是不是所有的调味品都做得成功,无论超市销售和直销、电商、定制化,都需要做一定的引导。导购的作用可以直接影响经销商、销售团队、上架摆放、视角效果、促销效果、复购成功率等,这就是导购系统的好处。

无论是大小品牌，都需要提价来维系市场的发展，大多数品牌拿出部分利润来支持中间环节，实现稳定过度，可以是分批次提高经销商、批发商、超市、终端的价格，也可以是一次性提高利益，销售不受影响，销量得到提高，也有一些提价是依靠改变销售方式，将提价改为赠送产品，给中间环节提前让利，做成销售的良性循环。

7. 重构全渠道，场景销售

调味品销售的电商是新的超市、专卖店、样板店、体验店、培训机构等组合而成，是全渠道参与，不再是单一销售，而是全网销售，线上和线下一体化，业务机构也是重构形成。尤其是相互交叉销售的问题得到解决，统一的价格在全网得到实现，整个消费流程得到完善。通过线下消费的实际现状，融合消费的需求，把调味品的调味价值体现出来，精准锁定消费者，完成消费的调味功能。

全网销售调味品。结合需求来配置网上网下，需求信息直达，实现全网的最佳认可，让调味品的销售能够权衡新的需求，精准满足消费，通过新的组织协调来实现，采用新的产品消费方式来进行，创造新的复合销售渠道，通过调味的实际效果来推广，从而实现新的供应链体系，完全实现消费的数据带动，做到效率越来越高，离消费者越来越近。

体验的目的就是让消费者离消费场景越来越近，更加直接了解消费者需求，让调味的直接结果转变成为调味品销售的事实。

8. 快速触及调味品的目标受众

满足调味品的本质意义，快速满足消费认可，对目标受众需要精准定位，根据需求来实现销售：①主动推荐给消费者试吃。②获取消费者的意见和建议。③利用消费大数据分析。④线上线下结合推广，找出新消费突破口。⑤根据目标受众的路径来实践媒体触点。⑥通过 APP 捕获消费信息，总结共性的调味品信息。⑦优化消费体验、场景消费、提高促销力度等。⑧发现较少消费者完成较大价值的行为，总结之后精准营销。⑨多维全网销售总结，提炼有价值的销售行为。

9. 新销售满足消费者

调味品销售主要是解决消费，如何实现满足消费者的消费才是真正的调味品作用，销售调味品的手段和措施就是实现调味的最佳手段。探索满足消费的直接需求，体现销售的方式改变，实现市场的直接变化，这就是新销售的最大特点。传统调味品的销售破局在于如何满足消费，只有满足调味的消费才是真正意义的销售调味品。

三、中国调味品销售新办法

1. 中国调味品销售新思路

如何实现调味品销售的新思维，把消费做成经典的模式：

(1)惯性思维销售调味品，实现调味品的销售引导。

①自我否定：调味品为什么不被认可，怎么没有办法实现重复消费，怎么会没法实现重复消费，找出调味品的劣势。

②肯定自己：调味品实现重复消费的关键在于调味品使用的结果，重复实践，重复消费自然形成。

③价值判断：多少费用产生多大的销售额，根据销售量来定基本费用。

④职责划分:销售调味品需要进行具体销售链的整体职责划分,充分发挥职能效率。

⑤找出问题:埋怨心理、不自信、懒惰、粗心大意等需要根据销售过程中的问题来解决。

(2)逆向思维,从消费者需要的结果出发,找到销售的最佳办法。

①换位思考:把自己作为消费者,自己使用调味品来思考销售行为。

②消费需求:自己从消费需求的角度考虑,如何使用好调味品,实现调味品的消费最佳功能,从消费的角度实现重复消费。

③多维思考:从消费需求的一个点,不断延伸到需求的一个地区,从一个消费热点现象发散到整个消费调味品的趋势。

(3)新思想思维,根据调味和消费的关系产生新的思维。

①趋向性:消费的调味品与餐饮需求的去向趋势。

②专注性:需求的专一服务带来定制化的奇迹。

③突破性:创新思维满足消费的必然结果,调味解决消费的痛点,而不是调味品销售的痛点,建立消费认可调味品的趋向研究。

④跳出渠道为王的惯性思维,从消费者的角度审视、衡量消费调味品的结果。

2. 价格思维的转变

不再纠结高价和低价,未来只有合理价位,消费意识的变化催生消费的理性价格。定价的方式也发生改变,需求可以实现数据化需求内容,根据需求内容进行定价,不再受到传统销售的影响,转而实现的是消费者认可的直接转化价值,高得离谱的价格也不会在存在,低得可怜的价格也不可能实现消费,只有消费者诉求的真实需求的价格才是未来的王道。

3. 品牌的传导方式发生转变

销售的知名度转变成为网上的内容,通过文字等在网上呈现,大大提高消费的认可度。让消费的认可转变成为网上流传的体验,传导的认知度在网上成为不同等级。

4. 中间环节的变化,经销商切分销售

服务的变化促使经销商发生本质的变化,新销售让这个产业变成及时的竞争、周到服务的竞争,经销商和厂家也比较理性,电商的线上和线下都是需要中间环节来完成,中间环节依然发挥重要作用,对于调味品的销售,中间环节变成了动态的消费,带动销售变成自然,促使调味品的价值落地。

根据消费的现实,现有经销商不能完成调味品服务消费需求的任务,越来越多的调味品企业切分经销商,收回经销权或者增加经销商或者更替经销商,来实现销售的最佳服务,更加满足消费的需要,更加接地气,更加实现终端需求,更加促进销售。

5. 销售执行人的不同

外资企业或者一些国际化的调味品企业,大多是职业经理人,执行销售的变化很大,无论是什么市场都需要及时获得回报,这样一些外资品牌放慢了市场的操作速度。当地一些调味品企业长线执行销售,销售费用稳定增长,销售成长也很明显。不再是波动的趋势,尤其一些地方特色的调味品机会很大,投入三年一般收获都很大。建立良好的调味品创新机制,传统的调味品做法就是赌博模式,更多的是利用个人主义和机会主义来决策。多数的调味品都是利用现有渠道、模仿研发调味品、海量广告来实现销售调味品,这样的调味品创新已经没有机会了。只有根据消

费的认可和重复消费来实现调味品的创新才是未来趋势，一些调味品创新企业已经意识到这方面。

6. 中国调味品销售的叠加效应

调味品种类多，根据消费的主要餐饮渠道，可以做到叠加销售。多个单品在一定区域得到认可，自然推高厨师的选择。让餐饮使用起来比较方便，一些大品牌就是这样来实现增长。叠加推广自然促使销售商获得最大利益，销售网络的价值最大化。而不是靠单一调味品来实现，这样的做法只有大企业和大经销商可以做到，而一般企业没有这方面意识。

四、中国调味品销售前景

1. 小产品大市场，效率越来越高

因为需求的不断渗透，消费也不断理智，越来越多的小产品将获得越来越大的市场，因为需求的聚焦，消费的刚需，让调味品自然完成需求的对接，小不是调味品本身，而是实现调味品的本质的聚焦。

所有调味品的销售体现是效率的提高，从而实现越来越精准服务消费者，实现餐饮的高标准的服务，实现调味品消费升级的效率最优化。效率的提高才是调味品满足调味的商业状态，全网络覆盖提高调味品流转的效率，实现消费的最佳选择。

2. 持续涨价是必然

涨价对大企业没有明显影响，反而带来更多的机会，无论是消费的直接带动，还是增加的新需求。但是小企业或者老企业，没有持续的需求引导，自然就越来越难，没有消费的直接带动，消费者认可也是大问题。通过淘汰一些消费重复率较低的调味品实现涨价，成就更多消费得到实惠，这样的定制调味品在四川、重庆、广东、上海、河南、山东等地居多，是在具备重复消费的前提下进行的批量化生产。极尽人力物力财力，创造新的需求制高点，在复合化重金投入和在细分的消费升级成为经典的调味品之外，有更多选择的余地。上市调味品公司的毛利率40%～45%，这是大多数财表的体现，这也是这个行业的基本面，也是整体行业的现状。涨价倒闭潮，涨价趋势下，必然会有大量的调味品企业会离开。

3. 主要销售方式依然是流通

因为需求和新销售的深度融合，流通是必经的渠道之一，调味品以流通为主的销售一直沿袭，流通过程中虽然存在一些矛盾，但是新的销售依然选择线上复配和流通线下来执行，流通渠道还是不断优化来适应调味品销售，所有的调味品销售必须有流通部分，多大的品牌都是这样。

调味品发展出现一些调味品不能满足需要，而一些调味品很难销售的状况，则出现包销调味品，正好解决调味品生产企业的困难，为一些调味品发展带来机会。一些品牌之间合作也存在，一方实现另一方的调味品包销，相互实现调味品的互通。包销调味品也实现了一些调味品企业之间跨地区合作，相互带来更多的合作余地，也给调味品销售带来新的组合模式。

4. 经销商利润不断减少

调味品经销商的利润不断减少，这是整个行业的现状。利润点应该在15%以内，也有一些独特的产品仍然维持在20%。调味品的产品和消费需求的状况不一样，经销商的利润也会不同。大多数调味品的经销商，是在生产企业的引导下来完成的。不然投入再多也会难以收回，销售的情况完全取决于产品,受经销商的影响程度在不断下降。经销商的利润在下降的同时,也体现出现在调味品的利润分配正在下降。经销商的功能在多元化发展,经销商的利润也发生新的变化。

5. 捕获创新,赢领未来

链接调味品、调味、消费等全链生态,不断整合全球性的物联链,自然的竞争避免不了,调味品只是利用物联互通的一方面。提高单一产品品质,促进创新,消除同质化,不断优化消费服务,实现李毅最大化。外购调味品在不断上升,尤其是广东地区,品种、吃法、味型创新消费,复合酱油就是很好的例子。标准味型的凉拌汁,源于厨师使用的经验开发。不再是买卖调味品而是调味服务,不再是传统的做法,创新消费的话语权更加直接。

6. 中国调味品创新借鉴

调味的记忆化往往会改变越来越多的调味服务。调味的消费必须要表达出调味品的价值才是调味品,调味品本身就是活广告,这也是调味品种类繁多的原因之一。调味品实现消费的互动,没有互动的调味是失败的,也是不足以称为调味品的。聚焦需求味道的互动,改变味道的有效释放。吃出调味品的价值才是调味的本意,实现调味的健康体验、安全体验以及大众参与的调味热情。创业无限的调味思维,越来越多的调味价值通过消费认可。精准实现调味需求,高品质的消费得到超值满足。调味是圆点,消费是半径,调味品则是一个圆。

7. 中国调味品需求丰富

食盐等调味品越来越丰富,种类和数量将大幅度上升,满足越来越多个性化需要,更加融合消费和生产;地方特色黄酒工艺和消费传承,带动消费的新需求;大企业纷纷通过智造油改变生活。调味品个性化、人格化、趣味化的发展拉近消费和调味的关系,依据消费来做调味品,路就越走越宽,农村市场和三四线城市的增长较为可观。满足越来越多的消费者转化成为新的消费商,度过价格上涨的难题。高端酱油重在心智,主要在于满足消费的心理需求,而不是价格高低,大品牌、老字号、有机、无添加不一定就能撑得下去,规模和渠道的投资也会失算,渗透消费者的真实体验,谁做得最好谁就能够实现重复消费。品类丰富,机会就多。消费深度细化,高端化、健康化、新潮化不断崛起,增长稳定,多元化系列产品不断出现。

五、中国调味品销售的变化

1. 销售组织和供应链的变化

调味需求的不断变革,直指实现调味需求,实现调味品需求的组织发生了变化,销售组织的级别变化大,形成扁平化的级别,上下级的程度发生改变,组织小型化趋势明显,效率大大提高,不再具有复杂的授权,快速决策的效果非常明显,直接转化成为经济效益速度快、效率高、成绩显著。

需求发生巨大变化,消费更加直接,为完成消费而销售的供应链联系和互动更多,高频率需求、快速交替更新、全方位的调味服务升级调味品供应链,企业和中间环节不得不做出巨大的牺牲。供应链的效率直接影响着调味的各个环节,缩短了传统调味品销售的繁琐,消费者、生产者之间最大的快捷、高效、方便。

2. 精准营销调味品的特点,实现综合体

比起传统销售调味品,不再是推销的模式,实现消费需求的分类,让消费者得到更加丰富的回

报,消费者的需求得到更大限度的满足,服务更加周到,服务更加快速、便捷,一站式满足消费者的需求。这是调味的价值最大化,不断优化调味功能,新功能的发展应运而生。调味品功能促使的一个新通路,正好满足多元化消费升级的需要,也是消费升级的必然结果。

3. **中国调味品销售新亮点**

呈现多种新需求,亮点突出:①数据整合消费趋势变化,带来新的调味价值。②调味的新鲜感和美誉度促使消费更加精准化。③全媒体全渠道全通路销售调味。④调味品供应链分级,细化责任和消费的有机结合。⑤线上引流帮助线下门店整合,成为新销售的手段和措施。⑥销售核心数据化,全网服务精准化,物流运输社会化,供应链智慧化,全域渠道数字化。⑦立体需求调味化。⑧消费需求联动效应。⑨消费需求实时创新,满足新需求的调味菜品体验。⑩线上线下结合,提高效率和时间,实时即达,快速共享资源。

4. **中国调味品变革**

消费者对调味品的要求已经发展成为多维因素,变革思维必须进行。消费选择丰富,调味品迭代加速,对调味品选择越来越挑剔。消费调味品的环境和意识发生变化,健康天然调味的追求加强,目的依然是吃好和美味。调味品的成分和技术的更新,更加适合消费。引领调味品消费链结构变化,零售调味品的通道越来越窄。消费习惯和销售现实,带来收购、投资、孵化、重塑融合调味品行业的变革。

突破在变革,尤其传统调味品,不能很好满足消费需求,只有也唯有满足消费的重复消费,根据消费需求变革,根据数据需求变革,根据市场需求预测变革,根据消费的引导变革,调味品要想突破,必须根据消费进行变革。消费需求的变革也是促使生产系统的变革,消费带来的新体系是需求变革的根本。

5. **人人销售时代,资本引导优势渠道**

调味品在人们生活中的重要性是很明显的,需求的透明化不断得到印证,销售调味品满足调味这越来越容易,消费需求的牵引实现生产、流通、服务、交易等系统升级,效率成上百倍提高,每个人都可以实现最大限度高效率。

餐饮调味渠道一直是餐饮业消费增长的重要组成部分,通过资本的引导,餐饮调味的新需求得到实现,拓展的新消费调味品空间得到高度增长。

6. **中国调味品黑马的形成**

复合调味品发展成为未来的主要趋势,不断涌现黑马调味品牌。积累调味品销售经验,储备调味品销售势能。丰富的调味品产品链,组合形成战斗力。细分消费,抓住核心消费群。高品位调味开发引航,不添加味精、不使用食盐来加工的天然调味品等。小包装一次性清洁化的调味品,使用极其方便,消费极其自然。消费调味品的共有价值体验,形成消费新边界,诞生调味大单品。融通消费,提速复合化调味,实现极致化标准菜肴的呈现。

7. **中国调味品的优势**

目前,中国调味品已实现会说话的味道,源头可控,安全健康,传统工艺,匠心智造,价格适中,重复消费较高,口味丰富,选择性多,售后服务增多,线上线下多元化,未来还将不断渗透和消费结合体验。调味品的研发投入不断务实、高效,年投入研发3亿多元的企业也有,研发投入也达到销售收入的3%,国际调味品企业研发投入也不过2%左右,科学、精准的投入也为未来健康调味提供保障。引起消费的注意,消费者对调味产生兴趣,更多了解调味品,调味和消费结合形成交易,不断重复形成这个过程并分享人人参与,这就是消费调味品。不能将客户置身外面,不能什么都不会,客户不会与一个什么都不知道的人交流,以带来一系列生态健康发展的调味品消费圈,获得长远发展。红烧酱汁、麻辣香锅、黄焖鸡米饭、麻辣小龙虾等比较经典,醇厚风味助调味品升级,调味消费互动。一些调味品企业赢收区域重点,开发无人化高效率趋势。如何促使消费的重复才是调味品发展的源泉。回头客发生变化,麻辣香锅、万州烤鱼、老鸭汤、水煮鱼、麻辣鱼、黄焖鸡、干锅、焖锅、串串香、酸辣粉等都是根据消费而诞生的。调味品不具有可比性,成本、品质可控就可以占领市场的情况在新的消费前提下失效了。

8. 中国调味品消费产生共鸣

调味促进消费的过程产生共鸣,不然调味品就没有价值,也不可能成为消费重复选择的理由。自然、健康、绿色、便捷、休闲的消费趋势对食物的原料越来越重视,渴求高品质的原料,也愿意付出超级价格购买。消费升级的是调味品生产不能满足消费的需求,如果能满足就不是消费升级,在一方面是消费者认可重复消费就不存在消费升级,消费的需求企业实现不了就是需要消费升级,调味品的消费升级是相对的。满足消费的调味精神,源于消费的信仰,调味成就美好向往的未来,中国味道才有希望。消费升级挑战同质化蝶变,差异化传播异军突起,对于新的消费趋势分享创造新价值,对消费者的分类细化,消费者带来的消费大不相同,因为细小分类带来巨大的消费群变化,从而实现供应消费的变化趋势。销售从知道竞争对手是谁的年代到找不到销售的竞争对手,也是不可能产生竞争对手的新时代,手机在手即可购买和消费调味品。傻瓜化、原酿造、小包装一次性、大包装餐饮装将出现新的消费亮点,国际化全球通行的调味品融合,休闲餐、团餐、个性化餐饮、回归消费创新消费的调味品层出不穷。调味与被调味,主要取决于调味品的价值,调味的效果好就是调味的必须,被调味的选择则次之,选择和被选择,选择的调味品和被选择的调味品不可能获得消费一样的认可,调味效果好坏更加体现调味的结果和重复消费。为什么调味品卖不出去,说白了就是调味品不好,消费者不重复消费。

9. 中国调味品销售的责任和使命

做调味品成为满足越来越多人们需要,是具有责任感的付出,是具有光荣的创业幸福感和实现人类价值的共同向往。时代顺应社会的需求,调味的消费会越来越频繁。调味品线下引流 App,不断让相互整合成为体验的体系,精准服务消费,大幅提高品牌形象,创造新消费和新零售,全员参与消费升级调味。呈现消费的实际现场随时随地即可见到,高效调味的多维价值,调味品销售的体验活动,赠送是最好的广告,适量是最利武器,这样采用现代渠道与传统渠道互补、互相促进,实现调味品的趋势和方向。如面条调味品的变化趋势,从方便面转化成为速食面条,面条消费增长的特点和趋势体现在小面产业的复合化趋势,给社会发展带来新兴的产业热量。调味品最好挣钱的机会来了,不需要再讨价还价,整体反应好,调味品价格自然高,吃好调味品就是大家的需要,吃得更健康付出的价格是应该的。全复合调味品创新需求亮点不断,辣味调味品标准化升级,鲜味调味品吃后不口干趋势,香味调味品天然香味趋势,发酵调味品功能化趋势,热加工调味品自热新技术广泛化,炒菜调味品标准化,川味调味品全球化,家庭用调味品一次性使用精准化,餐饮用调味品大包装化,团餐用调味品大幅降低成本等都有所体现。

六、共享调味品销售

1. 中国调味品产业经营共同体，塑造共同使命

面对消费需求的升级，调味品本身价值有限，调味品的上下供应链形成产业经营共同体，乃至是一些从事调味品加工装备的企业、原材料供应商、餐饮连锁店、团餐企业等均整合成为具有强大抗风险能力，比较灵活多变的富有创新需求的经营团体。对于参加的各个主体，不设门槛，共享消费需求赋能，差异化经营，充分发挥自己的能力和优势，平台型资源互补赋能，释放各自多余的能量，形成新的供应链赋能，产生新效益。

为新消费实现资金、渠道、消费、服务的全面支持，打包方式解决消费调味品的问题，实践满足消费认可，所有有关的调味品连带关系均是为消费者服务的宗旨，服务好消费者才是塑造调味品的共同使命。

2. 中国调味品成功之道

①勤之道在调味品方面下功夫，只有将调味品做好才有机会被消费认可，踏实从消费来想办法的调味。②尊重之道在做得好的调味品方面学习之，实现更加满足消费的学习。③精心之道实现细小的需求得到充分的满足，不求虚名但是认真完成，满足消费的最大需求为核心。睿见味来，根据消费的需求，洞悉消费的变化，沿袭传统的消费，创造新的调味品，满足越来越多的调味需求。如瓦罐汤调味品、鸭血粉丝汤调味品等越来越多的调味需求，实现消费认可的重复选择。调味品解决的是消费在哪里，调味品的消费就在那里，因为消费才是调味品的出路，其他的不可能有所收获。

3. 中国调味品粉丝联盟，打造高质量供应商伙伴

将线上形成调味品粉丝群体在线下指导消费调味品的体验，让粉丝之间产生互动，粉丝联盟不再是过去的个体，而是如何消费好调味品的一个小集体，这成为一些品牌的优化调味品的主要动能。协同实现调味的同时，实现处处皆是调味的升级消费的态势，大多数老品牌的传统调味品就做不到了。

调味品需求和供给比较乱，通过科学的办法来实现志同道合的伙伴，吸引一批有志者构建新消费需求的新商业生态圈，掌握新时代需求的特点，打造共同磁场的共享共赢伙伴，各取所长，各赋所短，敏锐洞察消费，销售服务精准跟踪。

4. 中国调味品品牌势能，调味投资方向

为调味品消费相关的销售提供品牌支持，包括品牌的共享、资金支持、销售的线上支持、线下的物流支持，共同提高效率，降低成本，最优化品质，合理化价格，快速服务消费者和对消费者的需求做出快速响应。消费调味品供应链平台的实现，满足消费的最佳选择，体验调味的极致展现。

对于调味品的销售和消费，越来越多的是投资调味品消费端，但是投资的失败也是现实，消费端的复杂情况大家都很清楚，趋势正在电商的线上投资，因为线下的互动影响电商的线上流量，电商或者是新零售的投资一直是调味品投资的新思路，越来越多的热钱热衷于线上投资。

5. 统仓共配增值交易，多环节重构

对调味品的经销商采用统一仓库，配送共同进行，独家调味培训、调味服务、餐饮供应链建设，这样就形成一个合理的天然割裂调味品存量，合理分配利润的交易过程。对调味品的发展具有很重要的作用，引导理性消费。

调味品涉及的面比较广，消费需求的数字化升级引导，诞生新的调味品，需求端重构。销售和消费的自然形成，中间环节的变化，促使渠道的适应方式和办法发生重构。消费需求的可模仿性较多，但是模仿销售的模式效果较差，依然存在多个模式的重构。消费信息让销售边延化，对于营销手段的变化，越来越多的营销方式重构。消费需求的立体化，消费要求的提高，消费调味品的信息传播重构。多环节的重构，创造新调味品时代，让调味的功能更加强大，调味品的价值更大。

6. 中国调味品供应链闭环，全渠道建设

调味服务的一体化，相互形成整体链状结构，大家利益捆绑在一起，没有其他的原因造成调味品的互补，在一定程度上互相共同持股，这就实现供应链的闭环。其实在一些西餐品牌连锁的调味品，早已实现这一方面的供应链闭环，而我们很多火锅店、中餐连锁也正在朝这个趋势发展。

信息的快速通达，实体店销售、线上电商、线下体验、消费的时间、消费的方式等融合在一起，形成全渠道消费调味品，全渠道的多个商业体的出现，无论多个名字，其目的就是让消费调味品变得更加直接、高效、实在、重复，构建新需求的调味增长，完成全渠道更多资源结合的商业价值叠加。

7. 中国调味品机遇越来越多

清洁、卫生、一次性的趋势不断增加。抓住消费需求的规律才能做好调味品，调味消费链，实现中国味道全球化，不能抓住需求一切就是荒谈。千年调味，学习无门，调味品最多也是在现行调味 10% 的基础上进行的，国际化也是有限的。如今调味的环节在这方面还很薄弱，千亿产值的品牌期待新调味的爆发来实现。

8. 齐调味来聚焦消费

面对消费需求，需要一起来实现调味，从调味需求出发，聚焦消费，产生调味的最大价值。高端调味品的市场占有率的变化，使用情况的变化，从广州到全国各地，健康诉求的有机健康调味品，口感也在不断变化，口味制胜是必选。大多数调味品企业纷纷推出高端、不添加、有机、淡盐系列等，致使大部分调味品将处于面临淘汰。细化升级，满足大量需求的趋势大包装 2 ~ 10 千克甚至更大，其次是小规格 20 ~ 60 克一次性，则完全改变过去买一份调味品长期吃不完的状况，让消费动起来，实现新鲜、清洁、一次性、回归淳朴的原汁原味的消费。新零售就是调味品销售过程中效率越来越高，体验消费越来越多，从重复购买的消费方面，支付便捷方面，配送物流方面，售后服务方面，消费体验方面，消费场景方面，创新消费调味方面等无死角地提高销售调味品的效率。只要是消费调味方面需要，不断创造新的消费调味需求，效率大大提高，完全改变人们的生活，为调味品的新零售带来越来越多的新消费。

9. 定位精品主义，享受精致调味

明确消费人群，梳理消费痛点，根据消费来团结所有的社会力量，而不是赢了所有的竞争对手却输给了这个时代，做精品主义来制造调味品。根据消费调味品逆势而变，全行业增长变成个性增长，快速需求转变成为动态需求，改变消费的新热点和机会。定制柔性化不再是一成不变，而是根据消费的需求改变，消费的需求成为定制化的柔性合作平台，也是食品工厂转移产能和餐饮后厨标准化的必然，实现调味的整合和融合，为消费需求升级调味服务。社会对调味价值的认可度，就是调味价值的转化率，任何与调味相关的产品和服务都可以通过调味价值转化率来衡量，尤其是数字化的衡量将成为新的消费热点。知行合一的调味时代，调味的需求和消费的高度融合，实现调味价值的释放，满足消费的必然选择，也是一个价值观的体现，消费认可的才是调味品。用心创造调味的商业价值在于传播这些有关调味价值的正能量，实现所有人参与的消费热情和体验。

七、中国调味品复购

1. 复购

复购是指在大数据精准锁定消费的前提下，在一定时期、一定区域内实现重复消费的次数。这一计算方式改变了销售方式，更好为消费者服务。为消费带来立体化数字的表现形式，可以准确判断消费的最有效措施和手段。调味品首次提出复购，是调味品人通过与消费者互动产生的，更是调味品销售状况的风向标。复购的次数决定调味品销售程度，直接判断调味品销售状况，直接表现出调味品畅销结果。复购的程度就是调味品的生命，就是调味品被消费的关键因子，复购才是调味品生存下来的根本原因。没有复购或者复购次数很低的调味品，没有存在的价值和意义。

2. 复购率

复购率是指消费者重复购买的概率，是精准服务消费者的新大数据指标。复购率是消费体验的科学引导行为，实现更好精准服务消费者的最佳数据化体现方式。复购率是当下最有效的判断调味品销售状况的数据，是处理调味品未来变化趋势的有效手段。调味品复购率是调味品竞争状况的晴雨表。调味品复购率计算公式为：

调味品复购率 =（重复购买次数 ÷ 总购买次数）×100%

因为调味品的特殊性，按照 3 个月为一个周期，购买每一份作为计算基准，对不同的调味品使用者作出复购率的计算。针对调味品细化和消费现状，复购率的表现在人们生活水平的判断方面具有重要意义。真正把消费和调味的关系紧密化，把消费者的生活数据化。

3. 中国调味品复购现状

中国调味品强黏性特征明显，复购率表现突出。消费重复性比较容易判断，重复消费源于复购行为，复购在于调味品消费的重复性。在巨大的市场消费面前，复购的面越来越广，尤其是餐饮消费的复购最为明显，餐饮复购是家庭复购的 12.2 倍，相当于家庭复购 1 次的时间而餐饮复购已经重复 12 次以上。复购在各个地区的差别很大，华北地区消费某调味品的复购是其他地区的 100 多倍，从而在不同地区投入的调味品收益差别很大。某一调味品，在华东的复购率达到 0.88，可见重点消费市场依然是主导，该地区的消费者依然是主力。图 3－1、图 3－2 是中国调味品 A、B、C 品牌在中国市场复购率的状况。

A 品牌强劲上涨，力挽狂澜，实现超级增长态势；B 品牌稳定收获，保持强有力的收获趋势；而 C 品牌的销售超级下滑，更是在多方面都可表现出问题。A、B、C 三品牌的线状分析，更加清晰看出三个品牌的发展轨迹，可以客观分析三品牌的市场价值和未来走向，为企业和消费找到新的规律。通过调查和分析，C 品牌存在重大的质量下滑的现实，生产方面出了一些问题，销售没有得到很好解决，造成这样的结果。C 品牌通过不断寻求职业经理人，更换掌门人，强化质量管理等来弥补企业的问题，希望在 2019 年销售有所变化。

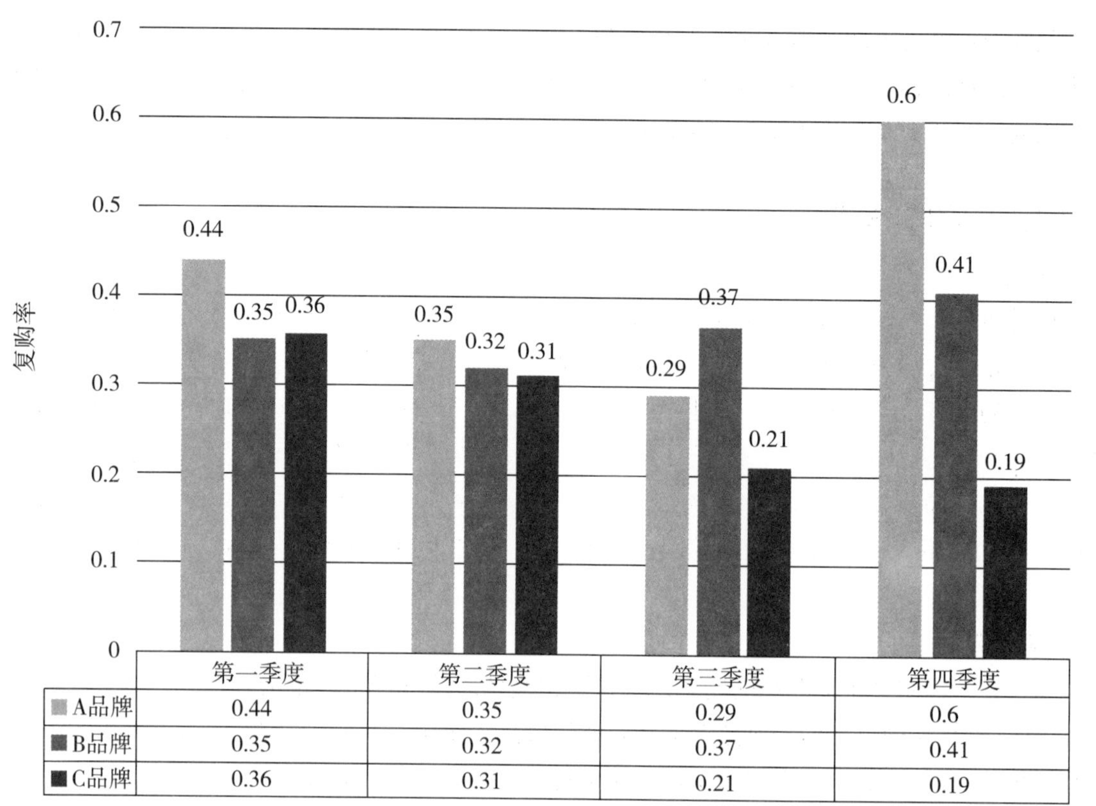

图 3－1　2018 年中国调味品 A、B、C 品牌复购率柱状图

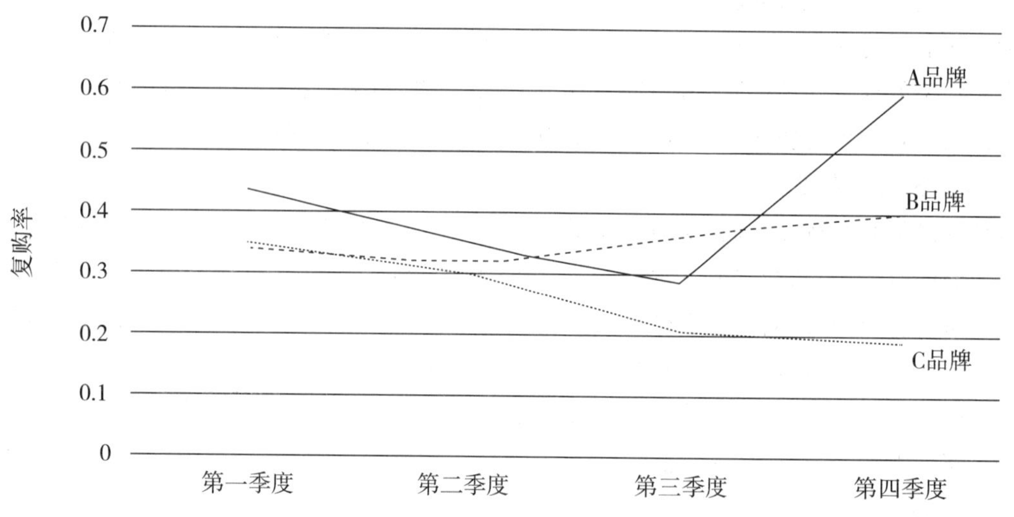

图 3－2　2018 年中国调味品 A、B、C 品牌复购率折线图

2018 中国调味品 D 品牌复购率变化如图 3－3。

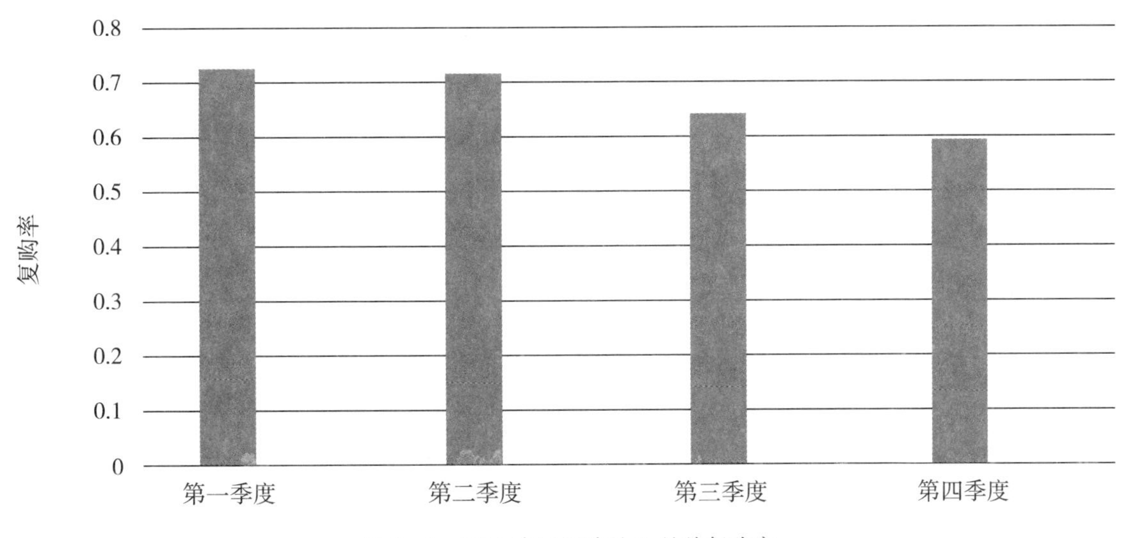

图 3-3 2018 中国调味品 D 品牌复购率

超高复购率的品牌，销售一直在下滑，这样的问题通过复购率可以找到问题的解决办法。究其原因在于调味品品质的变化，原料的改变造成今天的结果，值得生产重视。没有复购的调味品将没有生命，调味品的变化都会在复购方面表现出来。

4. 中国调味品新品类崛起

调味品不断细分，功能化、环保化、简洁化、科技化、智能化加强，少份量一次性、干净、不需计量、精准使用、环保纸或者塑料的包装，让消费者的选择具有重复性，让调味品能够仅被消费一次，就能记忆犹新。具有重复消费的品牌年销售 6 亿元，而没有重复消费的年销售 1000 万元以下的单品企业基本上没有利润，部分年销售 5000 万元的企业期待品质提高满足消费，消费场景体验化的打造才是竞争的价值。当下流行不加防腐剂、不加味精，未来的流行会更加趋于天然复合化。消费的是离子状态的调味原酱，黄焖鸡米饭、烤鱼、烤海鲜、小面等数量级的增长，其次是火锅连锁产业的发展提速远远超过传统的吃法。调味品行业如果引导得力，未来机会很大，空间很大，需求量巨大。

八、复购的价值体现

1. 复购调味品才能生存

调味品因为新需求的趋势价格不敏感。消费需求越多元化，大平台的供应链越强大。消费者产生黏性需求越明显，复购的现实越明显。复购才能让调味品产生销售，不然再好的调味品也是空话。

2. 如何实现持续高频复购

提高调味品的价格敏感度，扩大需求，利润也要高于一般调味品，同时需要更快的周转频率，需要调味品具有较强的竞争力。创建品牌更需要超强抵抗能力，实现交易的成本集约化。配送服务的半径越小，频率越高，成交的密度越大，产生的成本越低。消费者的密度自然也是关键，辐射效果就是消费能力。

3. 中国调味品变量从生

因为消费的变化，刚需的调味品因需求而产生。一夜爆红的调味品则难于持续，从麻辣烫、小面、沙县小吃、兰州拉面、烩面、黄焖鸡米饭、火锅、串串等方面可以体现。由此派生出越来越多的专用调味品，实现调味品多元化变量丛生。

4. 增加复购率

复购率高低就是销售调味品的好坏，复购率越高，调味品销售就越好。复购率越低，调味品销售就越差。如何做好调味品，关键在于增加复购率。根据消费特征，在消费者方面下功夫，实现消费的重复性。一旦进行重复消费，调味品复购率就自然提高。

5. 传统营销被淘汰

调味品的中间信息荡然无存，商场的费用依然，爆品不可能出现，越来越多大同小异的调味品消费难上加难。当前国内大多数人们的意识是一致的，不断升级复合实现高度标准化、厨艺规范化是人们的期待。因为没法步入需求的直通道，必然会出现力不从心的现象，继而出现严重困难。餐饮调味价值最大化，垃圾版调味品的生产没有机会。调味品的重复消费就是根本原因，没有重复消费确实难行，不困难的调味品仍然是极少数。大多数是日子不好过，除掉成本基本上没什么利润。

6. 持之以恒调味产生复购

调味品本身就是最好的传播工具，做好调味品自然就可以成为调味品的领导者，一些调味品企业三十年如一日，成为成功的典范，仅靠广告的企业不具备长足的消费潜力。传统调味的酱油、食盐、醋、食用油的销售量均在下降，调味的原料、工艺、操作创新催生更加透明的调味品，消费需求转移成为热点。过去没法实现的支付，现在即可实现智能收费，使得新的立体化认知延续下去。利润的减少只针对没有消费价值的调味品，重复消费的调味品即使涨价依然销售良好，诚信做好调味品，自己做自己吃家人吃消费者一起吃的调味品未来才有出路。

第四章　调味与复合

一、中国调味品升级

1. 调味品细化升级，传统调味品乏力

专一的产品自然需要专一使用，专一使用必然诞生精品，凉拌菜的调味品，一个调味汁即可实现凉拌菜的调味，从而实现年产值过亿的凉拌菜调料。拌饭酱同样实现调味的升级，推出诸多拌饭产品，自然呈味一绝。水豆豉香菜派生出的一系列菜品也细化调味升级，更是未来调味的趋势。面食汤的调料也是一样，南昌地区就有这样的调味料，一个细化的需求自然成为调味品的现实。西北的烧烤料也是一样的道理。

因为加工的技术和工业化程度不够，消费引导尚不成熟，造成传统加工的竞争力较弱，没有消费的直接引导，让一些传统的加工在区域内销售，消费的瓶颈就是消费基数小，消费认可度不高，文化传播不够，缺乏事件消费的带动。

2. 中国调味品新变化

消费变化加速，新需求迭代，新消费的投入难以得到回报。超级消费不是因为调味品，而是因为调味，调味才是产生超级调味品单品的关键。健康消费一浪高过一浪，因为消费的底线不断被揭露，消费潜力不断被释放。消费调味的体验数字化逐次升级，营销调味品更加明朗化。消费者参与的调味创新不断放大化，消费的成果丰富。调味品本质的消费深度化解消费的不确定性。

3. 消费迫使中国调味品升级

消费迫使调味升级，传统调味品不得不变化才能满足消费。传统消费不可磨灭，消费的变化才是适应消费的本质。原汁原味的食材调味形成消费的主力，助推调味健康化进程。低盐健康调味品顺应降盐才健康的消费意识。新鲜调味的升级，满足消费的高效体验。功能性调味品升级。简便实用的调味品，为美好生活而存在。有机调味品，将健康需求升级。

4. 中国调味品新崛起

调味人群的需求，消费得到满足，渠道属性的深挖，消费通道的建立。调味品具有独特风味，具备强消费的饮食黏接性，溢价机会多，可以通过地域、菜系、时间、文化等来实现新品牌崛起。天然调味属性，千年历史文化传承，具有发酵的传统技艺，成为新的品牌崛起之惯用手段。品种丰富，品类众多是调味品容易崛起的关键。习惯性消费产生调味记忆，带来重复消费的品牌崛起。调味品与菜系互相渗透，加深调味品消费的链接，促进品牌的力量形成。采购调味品容易集中，议价能力强。小调味品消费潜力大，因为需求的频率高。优秀的调味品始终让调味变得更容易、高效、标准化。饮食和消费观念发生变化，因而带动新调味品品牌发展。渗透消费调味品带来新的品牌效应。消费的多元化，酱类复合化，厨房革命化，地方品牌餐饮连锁化，这些都是调味品品牌不断涌现的原因。定制化餐饮品牌的需求，调味品满足专有渠道需求，在性价比方面做出调味服务的优势，厨师和采购共同认可专有调味品的商业价值。理性消费带动，通过温水煮青蛙式培养消费习惯，销量提升和饮食习惯的培养是必然形成的，从而获得调味品的发展。佐餐配套调味品

菜品化，需求增长速度快，即食新鲜又美味，消费潜力是一般调味品的 10 倍以上。深入消费者的内心，加码重复消费，品质优先的高位红利，边缘消费带动，变相提价提高服务的质量等来实现中国调味品的新崛起。

5. 抓住需求互动消费

死的消费不可能成为调味品销售的实际能力，多数消费是活灵活现的。只有消费活起来才能实现调味品销售畅通无阻，跟风失败的原因在于没办法实现消费的重复，关键要在互动消费中推高销售的价值。消费的最高级别就是顺应消费，在互动消费中实现需求的自然结果。很多模仿的调味品没办法获得成功，关键在于消费没有做到实际落地。再好的企业也没法做下去，即便数亿的投资也很难进行。

6. 中国调味新品的诞生

调味品的原料和需求千奇百怪，利用洋葱生产产品之后，废渣依然可以留下生产洋葱酱，香菇被消费后的香菇脚一样可以做成上等的香菇酱，大豆发酵之后做成黄豆酱或者不经发酵也可以直接做成黄豆酱，鲜辣椒直接发酵或者不发酵都可以做成鲜辣椒酱。这些诞生的调味新品，销量不断上升，单品上升在局部也可实现数亿产值。这些调味品为未来消费带来新机会，做好这样的调味品，一个调味品可以实现数千种菜品、主食、小吃等的成功。需求的趋势比较明显，也是推进中餐标准化快速发展的动力。调味品的市场潜力很大，大多数企业都在这方面下功夫。

7. 复合化促使发酵调味增长

发酵调味品因为含盐量较高（一些发酵制品的含盐量高达到 18% 甚至以上），在使用过程中极其不方便，经常不是咸了就是淡了，复合加工技术成为能够解决这一问题的调味品。如水煮鱼、酸菜鱼、麻婆豆腐、麻辣香锅等调味料，让发酵制品更加便于使用，一方面解决实际应用，另一方面促使发酵调味科学化发展。

8. 单一复合调味品制胜

传统工艺调味品赋予食材高品质，创新的单一发酵麻辣味调味品，出奇制胜地实现了单一调味品成就千道凉菜，在国内的大大小小餐厅出现，这样的调味经典不在于广告、不在于品牌大小，而在于消费者认可的用心，在于用好调味品的结晶，单一调味品这样年销售 10 亿元实在是微不足道。酸菜调味系列酸菜鱼、酸菜鸡、酸菜兔等无数菜品满足消费的认可。榨菜配菜化作为小菜休闲餐出现，有福建小菜、浙江小菜、四川小菜、湖南小菜、重庆小菜等，复合酱创新体现在一个酱的千种吃法，满足越来越多的需求和创新，推动调味品需求发展。调味品出口不断增长，但国内需求的数量一直在下滑，调味的增值不断增加，场景消费优化不断形成，细分消费不断形成，一带一路增长明显，数字化、体验实时数据、消费便捷的“独角兽”调味品不断形成，实现单一调味品的高速增长，同时带来丰富的社会回报，这就是这个年代的新热门，通过智能渗透演绎调味的价值，反观更多模仿类调味品的处境，价格极低、销量极少、成本极高、无重复消费和认可，没有重复消费的同质化产品形同虚设。

二、中国调味品趋势变化案例

1. 火锅调味产业

（1）火锅调味产业新动态。

火锅种类很多，广义来说有上千种火锅，狭义来说就是川渝火锅，而实际上则有无数的火锅体验。百花齐放，价格不同、消费不同、种类不同，外卖化、多元化、派别化包罗万象，健康需求成为主流趋势，韩式、泰式、涮锅式、川渝式轮番上演，不足为奇。消费娱乐化餐饮，休闲享受火锅的美味分享，快速源头透明化展示，消费等候人性化，服务智能升级化。智能餐厅的火锅，科技服务餐桌，菜品身份证化。消费火锅身临其境，环绕现实的食材生长环境的体验，视觉、味觉、嗅觉、听觉全方位感受火锅盛宴，消费者亲近感加强。火锅后厨自动化，通过实时监控为消费者呈现菜品管理、点菜的整个过程。消费者私人现场定制，现场呈现火锅的不同味道，还可以根据消费者的需求建立消费者自己的消费档案，根据消费者需求制定新火锅名称，消费者更加受到尊重，参与度增强。智慧消费带动火锅产业新的竞争状态，淘汰老式思维，助推国际化火锅兼容创新。提高火锅菜品质量，供应链控制技术数据化，火锅调味一次性安全得到实现。新技术的不断出现，让火锅的产业升级满足越来越多全球性的消费者，同时也加速淘汰过去所谓的大企业，节能增效比较明显。火锅成为中国味道一大代表，不断实现渗透全球的麻辣消费，给人们更多新的感受。

（2）火锅调味产业现状及趋势分析。

①火锅新消费。外界看火锅底料琳琅满目，实际上自创的火锅底料少之又少，消费重复购买率高的火锅底料不足十个品牌，反思一下这样的一个大市场，为什么没有更多会说话的火锅底料呢？巨头纷纷上马，销售纷纷一阵风，回头率不到一成，洗牌更是天方夜谭，手工作坊式更是噱头，到头来又是一轮价格战，唯有重复消费者胜出。谁最懂消费谁就能实现小品牌甚至老品牌的创生机会，可以在 2019 消费年获得最大红利。一些连锁企业纷纷加入火锅底料的销售，这是根据消费而形成的规律，将不断替代低档次没有重复消费的火锅底料市场。另外，通过火锅店面作为销售体验场景，一些企业获得收获，一些企业失败，主要是要根据消费来转化，需要用心体验并细化消费火锅的场景，单一摆放火锅底料在火锅店是没法销售的。火锅消费还可以升级成为火锅店搬回家，实现整套的消费转移，大大提高体验火锅升级的趋势，实现火锅新销售。可以升级成为新食材乃至是野生、有机食材的组合，提高火锅产业生态链的变化，实现整个调味价值的延伸。

②健康火锅升级。日益强化的健康、美味的火锅需求，使之呈现更高品质、更长服务体系的趋势，无论价格高低，都可以带动火锅的消费。只有精准实现重复消费才是真手工，也才是不断升级的必然趋势。

③火锅底料广泛使用。火锅底料不是简单地火锅底料，更是一些做菜、烧菜、炒菜的助手，大多数调味品企业看好的是火锅底料的用途极广，可以做多种食物的调味，也是可以在调味创新方面不断延伸，在一些麻辣味的卤菜制作过程中，采用清油的火锅底料即可让消费者记忆犹新。火锅底料的时代也不一样，以为有很好的销售网络的调味品企业生产出滞销的火锅底料。通过与厨师的合作推广摸索原因，可能因为品质原因，销量和市场前景极不乐观。目前已不是当年仅仅满足吃饱的年代，火锅底料的传统优势大多被传统销售所吞没，价格优势更没了踪影。

④明星火锅潮。明星火锅底料拥有消费者的一时热情，可是长时间重复消费是难题。如何实现长期重复是值得探讨的问题。火锅消费的出发点是制造出人人皆知的火锅，关键在于数亿消费的亮点的同时绽放。目前，火锅整体行业的机会还是很大的。

⑤火锅怪现象。火锅底料也会出现一些大企业病，一些企业无论怎么统计，数据第一，而实际

差距很大。往往得不到消费者的重复消费，何以实现所谓的销售第一。行业之所为没有领头羊，也是因为大家都在观望，需要的是踏踏实实根据消费需求来生产火锅底料，这才是这个行业的机会。这个行业的机会很多，需要根据需求来做，西北的火锅底料、北京的火锅底料、东北的火锅底料、酸汤的火锅底料实际上消费一直在以高于 10% 的速度增长。

⑥一次性火锅油。一次性消费的健康趋势不断强化，不再重复使用调味油。能够产生记忆的火锅风味将会诞生创造奇迹的品牌，也会出现新的领导品牌。不一定是现在的大品牌，消费的主力在变化，如鲜椒、豆豉、红豆米火锅在一些消费的记忆中不断增长，不断形成新的火锅底料。观望的火锅底料企业不再有机会，追求健康、安全、美味的选择好料真材实料并物超所值。创造新的科学化的吃法，引导正确消费的趋势，才能实现火锅底料消费的不断消费。无论是大品牌还是中小企业，只有把脉消费的重复性，才能立足于市场。将火锅和火锅底料融合成为一体，实现新调味记忆的增值。

⑦高品质火锅。细分加速，消费制胜。标准化程度越来越高，野蛮成长的机会越来越渺茫。标准化的连锁更加容易复制，菜品和底料的复制也加速。国内外需求也不断增加，差异化需求比较旺盛。不断需要差异化的高品质服务，体验消费要求高。

⑧火锅世界行。无论是四川还是重庆，火锅调味风靡全世界已是事实，越来越多的市场趋势表明火锅的麻辣是世界上具有杀伤力的强有力的竞争风味。一旦带动一片市场，必然成为一片新的商战蓝海，消费的趋势越来越明显，如新加坡、澳大利亚、美国、加拿大、英国等都具有大量的消费市场。空间大、机会大、空白大，抱团成形更加容易。欧洲调味品企业疯狂抢购我国的调味原料，如新疆的番茄、云南丘北椒、安记海辣椒、柘城山樱椒等。

⑨火锅之魂。对火锅的汤底和香辛料的复合调味是当下火锅的最新技术。利用香辛料新型科学的地调味，从而改变新时代，满足消费的新需求。消费者认可的、符合食品安全法的复合香辛料调味油才是调味的秘密武器。

⑩火锅调味不理想的原因。不会“智造”标准化的火锅底料，选择的香辛料不科学。炒料技术不规范，造成香辛料使用过多。提出的香辛料的味道较差。炒料温度的控制不科学。香辛料调配的回味提高不足。

2. 郫县豆瓣产业

郫县豆瓣在消费影响力和品牌发展方面取得了相当不错的成绩，理所应当成为川菜之魂。豆瓣和菜品相互结合成为调味品，出现更加时尚的郫县豆瓣深加工产品，回锅肉、麻婆豆腐、鱼香肉丝、豆瓣香菇酱，等等，都会使用这类调味品。令人遗憾的是，豆瓣创新消费的体验感不足，消费带动的能力有限，尤其是重复消费没能发挥出来。郫县豆瓣的消费培养有待深化，干锅酱、小龙虾、火锅底料、串串香等调味料取得一定的销售认可度。红油豆瓣的消费受到一定的固化思维的影响，变化不大。细分消费的火锅豆瓣、烧菜豆瓣、蒸菜豆瓣等不断形成独特的复合调味。消费的引导有限，郫县豆瓣作为川菜调味的基础原料依然起主导作用。有效发挥豆瓣加工的智能化进程，更加科学地实现低盐、全复合调味的郫县豆瓣，实现一个豆瓣酱呈现万种菜肴的现象。将郫县豆瓣的特点和消费需求结合起来，更加完整体现重复消费。助推郫县豆瓣川菜博物馆的创业就业和菜品实践的结合，做成动态消费的郫县豆瓣，实现消费的升级。

三、中国调味品趋于复合化

1. 中国调味品常态分析

调味品满足消费是常态的，并且具有特殊性。生活必须的调味注定饮食长期性、稳定性、利润增长性发展，消费需求的复合调味品数量巨大，增长空间大，高强度消费带动的价格上升空间，保证持续发展。味觉变化促使龙头企业规模、品牌、技术优势更加明显，贯穿人们的生活。鲜明的调味记忆让不同的调味品积累形成重复购买的模式，典型的复合调味料、风味酱、香辛料等。中餐需求的调味制作复杂，注重调味细节，调味品存在的恶性竞争导致格局不大，标准化的高要求形成并购的趋势比较多。自建销售的全网费用高，调味品依然具够高溢价能力，刚需消费持续增强。调味品细分市场多，品类繁多，空间大，稳定性好，可以拓展的销售机会多。小品类拥有大市场，渗透消费是调味品的必然，调味需求的餐饮厨艺来源于调味品，酱油、醋、鸡精、调味酱、卤料、香辛料、郫县豆瓣、黄豆酱等均有很好的消费基础。餐饮需求锁定调味品消费助力，具有香辛料风味的复合调味在餐饮重普遍使用，用量巨大，大多因为厨师或者采购人员影响其销售，厨师看重好用，而采购人员则看好成本的高低，两者各有偏好。培养性消费成为调味品的主要内容，通过烹饪学校、培训机构、赞助厨师赛事活动、性价比推荐使用、品质宣传、加大经销和销售服务的支持政策和服务内容等，对实际消费进行渗透。消费忠诚度建设，围绕消费产生调味的习惯和风俗习惯，长期塑造品牌。复合调味优化单一调味品的进程，让调味更加科学合理，让消费更加理性。突破地域和使用范围的限制，销售饮食文化升级调味品的应用，促进全球化消费，共享特色风味的调味品，让调味品的优势融入新生活需求。

2. 国家标准促进行业发展

复合调味料增长比较迅速，复合调味料国标 GB 31644—2018《食品安全国家标准 复合调味料》已经发布，将于 2019 年 12 月 21 日实施，这将加速调味品复合化升级，为人们需求的调味带来新机遇。

3. 系统性餐饮开发，诞生新调味品形式

调味品主要的消费在餐饮行业，快餐、高档餐、团餐、校园餐、特殊餐等的开发是根据消费来实现的，定制化餐饮开发增多，但是落到实际消费的很少，根据消费来实现系统性的餐饮开发需要从实际餐饮和消费者认可出发，把消费的实际做成人人接受的程度。

消费直接促成新的调味品，目标调味的需求者和渠道是现成的，消费的重复才是调味品的核心，根据新的需求趋势来实现新调味品的消费，通过不同的平台和方式来满足消费，从而实现重复购买。

4. 中国调味品技术局限，柔性价值最大化

大多数调味品技术停留在初始阶段，具有科技含量的调味技术研发少，可以实现难以模仿的技术更少，经得起市场考验和竞争对手检验的技术也少，调味的技术局限是客观存在的。没有先进优势技术支持的调味技术，调味品同质泛滥依然存在，即便是一些大企业也面临这样的困难，没有根本创新的技术，名称和代号都不堪一击。

调味品市场很大，需求门类很多，消费基础很好，多个调味品品牌根据需求来实现柔性化服务和消费升级，让品牌快速增长。

5. **中国调味品赋能，当地存量产生稀缺价值**

在消费需求的多方面来进行创新，尤其是在消费认可的前提下带来的创业就业机会，给消费的增长带来更多价值。对于日常需求的调味品，特色的调味品能够做到当地存量解决最大消费，区域保护消费的实际配送能力，单品在一个地区销售数亿，因而产生需求的独有价值。我国调味品具有这方面特点的有很多，例如川菜调料在多个地区具有该优势，花椒醋在温州具有这一优势等。

6. **中国调味品复合化案例**

（1）酱油复合化。

大量销售的鲜味酱油，采用谷氨酸钠等增鲜剂来实现。消费需求致使其成为畅销的鲜酱油，鲜酱油增长成为第一大类的潜力酱油。2018 年鲜酱油在酱油市场中的占有率达到 32.82%，可见鲜酱油已成为大家乐意选择的主要产品。大多数品牌都具有鲜酱油系列产品，使用趋势从华南市场一直扩展到全国各地。鲜酱油也在不断升级，从简单的味精增鲜到科学增鲜，增鲜方式不断升级。提高品质的鲜味酱油，价格和销量都有巨大的增长潜力。

（2）麻辣强势崛起。

辣味成为全球具有挑战性的调味品的唯一代表，而辣椒酱全球性成为奢侈品，新兴的四川辣酱热，赚足了眼球，兴起全球争相抢购四川辣酱的热潮，演绎千年食辣的特征和变化。具有中国元素的辣酱，无论其品质和味道如何，仅从消费的趋势看都具有巨大的潜力，习以为常的生椒牛肉拌面、麻辣牛肉拌饭等都需要辣酱。辣味不断改变人们的生活，全国没有不吃辣味的地方，只是在香辣、麻辣、爆辣方面形成全民食辣的时代，部分地区无辣不欢的生活常态，辣椒所带来的全球化也在不断渗透，辣椒文化、辣椒精深加工成为未来辣味升级换代的主要动力。目前，消费主力转变成为“80 后”“90 后”，吃辣的趋势不断增加，辣味调味品不断增长，数千个辣味调味品琳琅满目存放在网站和超市，消费也在不断递增。调味品成为未来消费必不可少的组成部分，消费者只有对口味认可才会选择消费，影响消费的主要因素也是口味，调查显示，82% 的消费者认可味道才会购买，而只有 12% 的消费者只考虑价格。麻辣以酱带动为主，辣椒酱成为主要的佐料之一，消费需求的品质体验高，所有生产辣酱的因素也得到带动，都在精耕消费的麻辣体验，单一麻辣调味将成就单一品牌。2018 年的调味热点就是辣。辣味调味品无处不在，人人都需要，带来麻辣奇迹的川菜调味料能够得到大多数消费者的接受。现在的辣味不再是单一的辣味，而是复合多种香辛料的辣味，更加符合消费者的需要，辣味不仅仅是一个地区而是全球性的扩展。辣味调味品是这个行业里面最为活跃的存在。辣味调味品的销量变化主要体现在复合化调味品的使用，某些单品的年增长量达到 34.5%，这是辣味调味品的奇迹。根据辣味调味品的变化，不再是简单的辣椒的辣味变化，尤其是香辛料复合助推辣椒辣味的变化比较明显，一些品牌的快速发展也证实了这一特点。做出正确的调味品研发方向，研发厚味比较充足、留味比较长、吃后的回味时间长的专用调味技术，实现辣味食品的升级。泡椒辣味的变化研究进展在于高辣度的口感成果，其次是食盐形成独特的滋味，升级传统调味，实现消费的新需求。

四、复合调味新特点

1. **回归本性的复合调味**

调味品的本能就是调味，更好地满足调味必须实现复合化，根据消费的需求实现复合化的同时还需要保留调味的本身属性，这也是市场需求的必然选择，也是调味品企业的出路。

(1)新鲜调味需求。

新鲜的调味品是我们需求的愿景，但是生产技术的进步有限，对新鲜调味品的需求不断升级，鲜椒酱的持续需求不断催生新的调味发展。新鲜调味的短时间消费让我们的生活有滋有味，新鲜的调味品越来越让我们回归天然淳朴风味。利用氮气等惰性气体、超高压杀菌等给新鲜调味品带来新的出路，提高调味品本身的附加值，同时也满足人们对美好生活的向往。新派鲜蔬就是利用食物本身的营养和应有的价值，给新鲜调味带来新的革命，保证原汁原味的情况下，做到消费的最佳状态。低温冷藏技术也正在不断升级，为新鲜的调味带来更多需求。

(2)原始传统味道。

消费的记忆是中国味道的根本，当下所有畅销的味道的源泉就是原始传统味道，至于这样的味道能走多远，关键在于如何接近和消费需求的最佳状况，接近程度越高消费越认可，时间越久。盐焗风味是原始的食盐经过加热形成的传统风味，东北地区的大酱汤是传统发酵形成的经典风味，如何发扬这样的风味才是复合调味的未来方向，才是复合调味满足人们需求的必然选择，当下的高标准复合化大酱汤，一个汤带动上万种菜品的复合，带动数以千计的品牌发展，大酱汤的传统味道，也是中国味道期待的亮点之一。熏鸡是东北一大调味的经典记忆，足以呈现多种复合调味的奇迹，降低合成香精香料的风味，优化天然风味足以让更多的熏鸡产业走向世界。东北的酸菜的调味标准化也可以改变整个产业的现状，尤其是独到的酸味，成就无数东北风味，期待东北的确整合一切资源为人类调味奉献力量，复合调味的潜力和任务还将不断持续。

(3)即食性调味呈现。

即食的复合调味才是回归的根本，做到即食即可满足越来越多的消费体验是东北地区一些很好的资源难以释放的原因之一，将很多特色资源做到即食性的复合调味是出路。东北木耳、东北酸菜等都具备做成即食的复合调味，升级东北特产，可以向全世界展示，真正做到有特色的商业价值多元化，消费的认可得到满足。即食性还体现在2018年火了一把的冷面，复合酱、面、汤的有机组合，让消费的重复性不断增加。即食性也是更好完成复合调味的立体性，让消费变得越来越自然，让人们的消费水平越来越高，让人们生活的越来越好。即食性也是不断升级消费的试金石，可以更好实现味道说话、品牌变强、企业壮大的检验砝码。

2. 加速升级调味需求

越来越多的消费变化改变了我们的生活，让我们不断通过复合调味融入千家万户，复合调味也是我们生活高标准的保障，加速信息更加透明、消费更加合理化，让消费者吃的更满意，这是我们理解的调味初心。

(1)快捷的复合调味。

复合调味促成食品的快捷销售、消费、交易、反馈，这不同于原来的复合调味，直接解决我们生活中比较突出的问题，而不是过去大量生产的调味品，然后等待销售，快捷的消费需求迫使快速生产的即食需要调味品的出现来满足。诸如此类的调味品企业不断增加，复合调味将最大限度减少浪费，实现资源最大限度整合的消费。大多数调味品企业遇到困难的原因也在于此，调味品企业的思路已经过时，调味的方式和手段不再适应当下消费的需求。为当下消费难以贡献力量，唯有改变才能适应和生存发展，不然越来越多的调味食品将无路可走。

（2）高档次复合调味。

档次的高低是相对的，不是说过去的食品档次不高，而是需求的定价区别于一般食品，档次是多方面的。包装仅仅是其一，定价是其二，关键是消费的重复性才是档次的活体现，让消费者得意的重复消费的感受和享受得到认可和自行宣传。东北一企业的大酱，如今已经成为某些黄瓜上菜的绝配，这样的档次是一般品牌做不到的，细微之处在于消费的重复性。这样的档次才是决定复合调味的认可，也是单品销售过亿的现实，这也是大多数产品没有得到持之以恒的创新和酿造的原因所在。东北做酱近 40 年的师傅一直强调大酱汤的高品质，而我们的一些企业却难以做到，这也是东北大酱复合化一定要上档次，才能走向全国，走到全世界。

（3）叠加性的复合调味。

复合调味的叠加性是改变我们东北黑土地的最佳办法，复合调味让我们东北的食品得到精深加工，实现更加天然、绿色、健康的地道特色味道。如发酵的辣椒等在没有食盐、味精、食品配料的前提下依然可以通过复合形成一些独具风格的调味食品。丹东的海鲜发酵、佳木斯的酸白菜、长白山的木耳、东北的大米等，都可以实现复合调味升级，做成具有历史记忆的高品质产品。叠加当下成熟的复合调味产品，做到一些独到的吃法创新，如泡饭利用的咸味源于海鲜的直接发酵，独特口感复合即可全球享受。叠加是复合调味升级的好手段，改变调味的多样性，也更加容易满足人们吃好的需求，强化叠加可以更好满足人们的消费需求。中国味道优于世界各地美食的原因就在于复合调味的叠加性，从事调味的同仁们也一定有同感，合理叠加是创造美好口感的妙法，也是复合调味的一点神通。在东北开发的肥牛汤泡饭，不断升级局部地区消费，这是大家可以学习借鉴的成功典范。复合调味新需求导致新消费不断满足人们对美好生活向往，从事调味经验得知复合调味的新特点就是消费的晴雨表，更能体现复合调味品需要如何发展，复合调味品的路在何方，更能让调味品人看清未来的复合调味品需要如何做，这才是复合调味品需要解决的。

3. 消费动态变化的调味

（1）调味品消费透明化。

动态的产品如何让消费者更加放心，只有做到消费透明化，做到消费者吃的每个产品所含有的大部分成分都被知道，这样的复合调味是必然趋势。调味的规律是可以透明的，大多数的食盐、味精、白糖、食用香料等是可以公开的，复合调味最有价值的是香辛料，复合香辛料是大多数企业必须保密的。对调味食品做到透明消费，可以促进复合调味和消费者互动的升级，当下提高消费的新手段和措施，可以实现更好的消费。“无体验不产品”越来越深入调味品的内心，消费是产品动态的体现方式，也是消费产品的最佳方式。复合调味食品必须做到靠数据说话，消费成为可动就是复合调味的最新特点。

（2）定制无限的调味产品。

满足个性化、特殊化、特色化、趋势化、创新化的复合调味需求，连续每年的定制呈现快速、高效、增值的现实。《2016 全国调味品行业蓝皮书》对定制调味品的调查还没有明显的变化，如今已经成为大多数调味品品牌重要支柱，也是大多数连锁餐饮快速崛起的现实，更是大多数中国地方特色味道标准化的出路，这些都是东北大多数需要开发的味道可以学习借鉴的。千亿麻辣小龙虾产业也是因为定制无限而快速发展，东北高品质的大米完全可以超级复合形成快捷即食米饭、炒饭、汤饭、盖饭、拌饭等，可以在家庭、超市、娱乐场所、车站、景区等地发现中国味道，也是自动无人煮饭机即食菜饭配套的新消费。新的需求不再是雷同,所以需要的复合调味定制的方式无限多,定制的需求无限大,涉及的消费复合化无限广。

(3)被逼式复合调味。

通过多年来解决调味品企业遇到的难题所得到的经验可总结,调味的复合化是被逼的,不再是过去调味的主动的结果。具有千年历史的大酱汤和拥有贵州特色的酸汤,传统的复合化因为地域特色、消费局限性,在一些地方不被消费认可,这就需要消费者的参与。这些富有特色的食品要想发展的很好,必须满足需求。今天大多数传统调味企业也存在这样的问题,主动迎合的市场和消费已经让大家越来越困难,没有消费的带动是比较困难的,腐乳、大酱、酸菜也是这样的,在局部地区发展难度加大。复合调味的新特点还不足够解释调味产业的发展趋势,仅是部分从业的经验和贡献给调味同仁的良方。深度探讨还可将调味在发酵过程中的产物如水、空气、微生物、环境、垃圾等均可产业化,这才是利国利民的复合调味产业。未来零排放的复合调味食品产业是良机,更多有待于志同道合的您一同打造,共享、共建、共担共赢中国味道。

4. 新品牌调味品成功的原因

①积累了丰富的经验,了解调味品的潜质,能够精准把握消费需求。

②发现消费的新的消费趋势,找到一个新需求的用户群。

③利用新零售资源,全心全意做消费认可的共享需求。

④做调味最好的需求热点,做最能被消费认可的调味品和服务。

只有满足以上四个因素,你的调味品才能好好立足于消费,才能更好实现重复消费。没有被满足的调味特性的消费机会增大,高信用体系实现的效率更高,自创消费实现数十年乃至百年的传统调味品以最佳发展方式。调味品品牌建设学习容易,做起来就比较困难,低价投入、高价销售是短期的,没有长远的眼光,是调味品长远发展所应该注意的地方。大品牌企业逐渐发现传统的广告不再有效,传统的低价促销、节假日赠送不再有效,即使二三线城市也收效甚微。而务实消费的调味品却在不断增长,所谓的竞争对手都是经不起时间和空间检验的,需求才是可以对比体验的,满足更多消费者的需求,才能获得成功。

五、全复合调味趋势新亮点

全复合调味是《2016 全国调味品行业蓝皮书》最早提出的市场上调味品消费的新趋势和特点,时间印证了全复合的关键是让味道说话,越来越多的全复合不断改变我们今天的生活,越来越多的全复合调味的亮点让消费者吃得健康、美味,消费透明、高效,人人喜爱全复合的产业需求,不再是一个人的需求,而是人们不断升级需求的体现之一。

1. 单店日销售 40 万元的全复合调味

(1)新鲜调味感。

菜品的新鲜调味不再是过去通过添加某些物质来实现,而是通过菜品的加工技术来实现,保证菜品新鲜的天然处理办法和措施,还原原汁原味的消费本质需求,达到人人看到都想购买的程度。新鲜的调味不仅仅是看的效果,还要让消费者吃到新鲜的味道,新鲜到极致,消费者才乐意选择。层出不穷的保鲜新技术,既改变消费的本质认识,也给人们消费带来新的商业价值,在消费场景的灯光下,消费自然升级。消费的升级,生鲜调味的价值一路高涨,越来越多的生鲜调味不断创造奇迹。消费的需求旺盛，人们对生鲜美味的共识是根本，在吃好的今天，看得见的美食，人人都会抢先购买。

(2)美味体验享受调味。

销售的环境也可以享受到美味，这就提到餐饮的标准化和消费的透明化。美味的体验越来越让消费者尝到美味，美味留下的享受和记忆致使重复性购买。从过去的每天免费赠送消费者300 元菜品，慢慢升级到每天免费赠送消费者 10000 元菜品，5 年的时间，极少量的品尝方式，体验的收获在于服务，越来越多的消费者认可这样的调味价值，出现每天至少 10000 人购买的情况，实际上人均购买才 40 元，这样的消费对于人们普遍的生活状况是很正常的，也是消费成功的原因。

(3)调味的味道说话。

调味品本身就是活广告，吃到好吃的食物，人们都会不断购买，味道自然会替消费者说话，消费者也会理解好吃与不好吃之间的作用和效果。做到好味道不是人们以为的添加和不添加调味品，味道说话的关键源于传统调味的精髓。根据消费认可，300 多年制作红油的调味技术，采用菜籽油来实现辣椒的独特香味和口感的呈现。尤其是一些辣椒的缺陷调味，利用辣椒的特点和优势，完成辣味的优势组合。在新鲜辣味的领域，利用新鲜辣椒加工新技术，实现辣味的升级。辣椒香味的形成，采用当今世界最先进技术，实现辣椒香味的新技术。带来越来越多的消费，靠味道说话，人人都可以明白味道说话。

(4)重复购买调味产品。

重复消费是调味品商业价值的重要环节，也是调味品源源不断增值的趋势，也是调味价值不断延伸的重要特点，也是满足消费的共性。不是所有的调味品都具有重复消费的特点，重复消费才能导致重复购买，重复购买才能实现调味品持续发展，只有持续发展才是消费的最大潜力。重复购买的关键是如何创新吃法，如肉酱的使用和菜品的创新，一些新的菜品通过水果的搭配，完全符合消费的新需求。这样的变化就是不得不需求的消费，于是重复购买是必然规律，消费的回报也在不断增加。

(5)记忆调味带动价值。

调味的根本是记忆，没有记忆的味道也就没有价值，消费必须要的是记忆，只有记忆也唯有记忆的调味才是人们需要的，记忆也是精准定位消费的选择，实现记忆就是消费者的最大享受。通过调味的原料创新使用，独特的香辛料或者食材的使用。如紫苏的应用，木姜子的应用，保鲜青花椒的应用，青花椒籽的应用等不断催生新的调味记忆。再如豆类调味、板栗的使用、饭豆的使用等新的做法和技巧的出现，都体现出消费必然对个性化的选择做出明智的抉择，应对越来越丰富的研发味道之本。

(6)即时创新调味吃法。

调味的销售不再是过去生搬硬套，而是根据消费的需求即时可以创新，带来消费的最大红利。根据消费吃过的方法和技巧分享，在销售的现场操作美味的互动。以点带面，不断实现好吃、好玩的价值享受，这是未来调味的最大价值链延伸。调味的外延不断扩大，消费者认可不断升级，价值最大化不断超出消费者的期待。即时创新的组合吃法，可以将西式吃法、水果、糕点、休闲游戏等连接。创造意想不到的美味结合，让人人都会参与的现实需求。

(7)快速消费调味品。

日销售的菜品都会在当日销售完成,消费也是在快速完成。真正的快销是指2天内消费者购买的菜品已吃完,只需简单加工即可得到美味,消费的速度极快,并且重复的频率高,采购菜品的周期为1~3天,便于了解消费者的习惯和做法,将服务做到极致。

(8)冷鲜技术为调味作保障。

对于菜品,大多数做法都是在新鲜度方面失败,冷鲜的技术保证食材和即食的新鲜程度。大多数调味者忽视利用惰性物质来保鲜的办法和措施,意识不到其价值。冷鲜的技术不仅仅是颜值,还能提高菜品的水分和口感,为菜品的变化提供新的保障,实现采用同样的调料,调味效果却大相径庭的结果。

(9)节水新技术更加环保。

对于食材的处理是一个大问题,用水的浪费一直是大多数生鲜食品处理的难题。通过先进的技术和定制化工艺,实现水资源重复使用,大大降低用水量。排污量巨大,这是大多数餐饮、食品、生鲜等都急需解决的问题。力图为未来的环保事业作出最大的商业价值。

2. 全复合调味造就日销售量20万单餐饮店

强大的消费不断改变这个美好时代的,日销售量不断增长在会说话的味道,全复合调味品就是要实现人人都可以做到一致美味。美味的标准化不是人人可以做到,关键是消费的认可高标准化,这不是单一店面的可以实现的,而是标准化的极致体现,人人皆可满意消费的高度标准化。例如,麻辣油重复消费的实现源于长时间蒸煮,持久留香,重复购买率极高,体现了全复合化调味的优势。调味技术不仅仅是餐饮,目前已经在复合调味酱、复合调味菜以及复合调味其他多种食品中得到广泛应用,也都取得很好的效果。未来巨大的全复合调味技术助推餐饮的超值需求,例如重庆小面日销售20万单,肥肠粉日销售3万单等均源于全复合调味。

3. 超级销售的全复合调味

新时代的消费需求呈现高标准化,出现人人可见的休闲、餐饮等为一体的超级销售。迫切需求超级消费,更加给消费带来商业价值,使用极其方便。消费体验极高,没有全复合调味,使用传统的调味不可能快速发展,不具备重复能力,也就没有很长久发展的基础。全复合助推更多的超级消费成为生鲜、新餐饮、新消费、新零售、新体验的价值最大化。

4. 快餐标准化的全复合调味

快餐的发展不断渗透到多种餐饮消费,越来越多的品种因为没有特色、没有优势而被淘汰,全复合的标准化让消费者得到美味的享受,做到消费的重复需求在于品种的变化,多个品种不断复合化。日销售200万单的快餐已经出现,源源不断实现标准化微餐饮的必然趋势。“微餐饮模式引导食品调味标准化”这一特点一直影响调味品的发展长达10年之久。未来也一直呈现比较明显的变化,微餐饮模式的需求也印证了根据消费的趋势来实现调味,调味的不断丰富才是快餐的趋势。中餐在国外的标准化接受度远远高于国内,同时增长率较高。因为有消费的把握,大多数国内的餐饮不断走出国门是必然选择。只有消费的带动才会实现调味品全球的需求升级,才是全复合化的趋势所在。全复合将餐饮高度连锁增值,空间巨大,商业价值越发强劲,复合程度的高低取决于消费的认可率。

5. 中国调味品标准化需求

餐饮新竞争需要调味品的高标准，火锅产业的标准化，中餐的标准化，都在催生新的商业价值，调味品快速融合巨头的餐饮品牌，巨额资金涌入，异军突起不断出现，对调味结合餐饮的有效性整合、升级、蝶变带来影响，专业化、自动化、智能化、规范化的高品质调味品越来越具有竞争力。全复合调味品不在于品牌大小，关键在于消费的重复性，实现不了消费的重复，再大的品牌也会日落西山，再著名的机构也是画饼而已，全复合的关键是让味道说话，让调味品说话，而不是王婆卖瓜，大量不伦不类的王婆卖瓜式调味比比皆是，没有调味的样板不能实现调味的价值，没有调味的超一流的技术不可能成就一流的调味品，没有消费的重复的调味品也是失败的。健康醋系列、有利于脑力健康的调味品、有机调味品需求不断增加，如一些调味品加工不需要添加食盐、味精、香精、防腐剂等，备受大家欢迎。调味品结合菜品一起完成形成消费必不可少的经典吃法，给消费的增长带来出路，餐饮没有店面依然可以经营，餐饮没有获得重复认可的消费味道将寸步难行。调味的功能实现不好，再多的投入也无效，再大的品牌也没用，再打广告只会让调味品死得更快，死得更惨。因为优势不同，同质化的生命周期依然严峻，调味创新才是未来。

6. 中国调味标准化新亮点

饮食方法和饮食文化共享，才会有更多的消费者重复购买，标准化、个性化智造鱼粉就是一个很好的案例。牛肉粉、排骨粉、炸鸡粉、盖饭、宫保鸡丁、鱼香茄子、梅菜扣肉、回锅肉、麻婆豆腐等都可实现高度标准化的调味品。多家上市餐饮和调味企业的成功也在于此，餐饮的不断标准化实现消费的升级，不断催生餐饮的无人标准化。同时可以做到餐厅带回家，人人可以做出透明、干净的菜品，大大降低成本。过去家庭消费，外卖兴起热到全复合调味品，相对于单一的调味品销售具有很大的前瞻性，一个超市日销售方便菜肴产值能够超过300多万元，风投和消费纷纷热议就不足为奇，好销售的调味品就应该多生产。本来调味品就是产能过剩，柔性生产还可以转换一些生产所带来的高价值的调味服务的机会，加速整个行业的变化。

六、复合调味新特点

1. 中国调味品新需求

因为调味品使用不方便，需要升级才能达到需求，尤其是鸡精、味精、食盐的混合使用方式，大大浪费调味品，消费者认可率在下降。于是，一勺即可的复合调味品需求在上升，使用极其方便快捷。传统使用的高汤风味急缺，满足消费认可的天然味。醇鲜自然，健康底味的需求。复原特征的鸡汤，消费认可率较高。回归自然的风味，耐蒸煮自然清新，消费吃后有记忆。拌菜溶解快，分散均匀，鲜度味精味不明显。鲜味的口感持久，稳定持续。口感不返咸，越吃越有味。

2. 中国调味品新现状

区域调味品发展受到阻碍，但是新的发展也表现突出。精致、享受、美味、高端、整齐的调味菜品，达到80%以上的复购率。消费试吃的比例大大提高，一个卖场可以一天实现2万元调味菜品的试吃。新鲜技术更新，促使传统的调味菜品增加30%的价格。一个调味品可以实现千种菜品的制作，带来新的调味重复消费。地方特色发酵调味品崛起，自然发酵的调味升级。郫县豆瓣智能化发酵，促使新的科技不断满足消费的数据化。生产环节容易控制，量越大成本越低，受人控制的因素小。调味品产生的垃圾产业化，新的产业形成新的利润，同时化解调味品污染的问题。川味飘香世界，调味品多元化价值叠放。调味品标准化永无止境，潜力不断释放新能量，让人活得更好的出路越来越多。发酵调味品产业机会大，丢掉传统思维转型产能和效益倍增，不转变将无路可走。

3. 复合调味酱的现状

调味酱因为需求方便，使用越来越广泛。复合调味品从原来粉状需求转变成为酱状为主，新的需求在于好使用的复合酱。使用广泛的复合豆瓣酱、大豆酱、葱香酱、番茄酱、芝麻酱、腐乳酱、火锅专用蘸酱等升级调味，满足消费需求倍增。辣味复合酱需求旺盛，特辣复合酱需求上升是明显优势，微辣的增量也很大，没有特色的复合辣酱举步维艰。口味制胜才是复合调味酱生存的根本，消费者认可的口味就是重复消费带来的销售。川味复合酱世界通行，辣味被消费认可率高。复合调味酱的需求上升，形成近百个单品过亿销售的消费，越来越多的品牌崛起。鲜辣椒复合酱局部市场需求明显，满足消费的热需求，带动餐饮消费亮点。复合调味酱更加科学、合理，更能展现生命力，不容易造成浪费。全复合的调味酱才是最有效的，也是一个复合酱满足数十亿消费者的原因。复合调味酱的使用越来越广，一个特色的复合酱可以渗透无数种消费方式，创新需求的美好享受。

4. 复合调味新思路

市场需求源于消费，消费源于重复享受美味。传统的地域特色成就独特的复合调味，改变人们的新需求，潮汕风味的根基对一些调味品发展具有重要意义。差异化创新消费，呈现新的调味品发展，清汤牛肉的兴起，带来越来越多的复合调味品。冷链需求的复合调味增长快速，全复合升级成为新鲜的调味技术，渗透千家万户，做成极致菜品满足消费即食。跨界形成消费新亮点，餐饮和调味的界限被融合为一体，调味品和食品的加工融合为一体。复合调味需求回归传统，不需要添加味精、食盐也可做出美味的调味食品。健康的消费迫使复合调味更加透明化，不过度加工和非热加工也正在助推消费升级。时尚需求的调味变成数字化，通过数字化来实现调味品的研发。传统的方式开发复合调味品，销售难度越来越大，创新多元化精准服务调味的服务产生新调味品。智能化复合调味，实现消费具体化，消费定位的调味品更加适应新需求。消费的潜在行为才是复合调味品开发的价值，没法满足消费的调味品再多也没用。

玉梦酸汤 喝出健康

中华人民共和国
地理标志保护产品

贵州明洋食品公司简介

明洋食品公司始创于1999年，距今已有20年发展历史，是一家具有自主知识产权，集“玉梦”酸汤的研发、生产、销售和体验观光为一体的农产品加工企业，也是贵州省农业产业化经营重点龙头企业、贵州省扶贫龙头企业、贵州省脱贫攻坚先进集体、贵州省“守合同重信用”单位、贵州省“千企改造”高成长性企业，全国巾帼农业示范基地、西部百优企业、黔东南州知识产权试点企业、黔东南州十佳扶贫龙头企业和黔东南州大健康产业示范企业。

旗下玉梦食品酿造基地年产“玉梦”牌凯里酸汤2.3万吨，是目前全国规模最大、储量最多的酸汤发酵和生产加工基地，开创了中国酸汤产业的先河，已成为中国酸汤产业引领企业。公司现有职工216人，其中经营管理及专业技术人员36人，年产值1.1亿元。

公司已通过ISO9001国际质量管理体系和HACCP国际食品安全管理体系双项认证。先后荣获“中国国际专利技术与产品交易会‘金奖’产品”、“贵州省名牌产品(2015)”、“贵州省著名商标”、“中国地理标志保护产品”、“中国三大特色火锅底料之一”、“中国鱼调料”十大品牌，公司以西南大学、贵州大学、江南大学、凯里学院、贵阳学院和贵州省产品质量监督检验院、黔东南州食品药品检验检测中心等科研院所作为技术依托单位，进行产学研合作，对“玉梦”系列产品进行创新和升级。

【油糟辣系列】

玉梦酸汤创业培训10大热点

1. 带动黔东南创业就业，服务百姓大众
2. 带动经销、连锁等新老客户
3. 精准实现重复消费高标准培训
4. 聚焦多变口味无限创变
5. 提高收入，培养创业技巧
6. 严格执行培训，提高创业成功率
7. 创造消费新潮流菜品
8. 创新多种吃法，无限增值
9. 共享玉梦酸天下连锁整套资源聚合
10. 完成全产业链创业平台